The Political Disciple: A Theology of Public Life

Vincent Bacote

정치적 제자도

공적 삶을 위한 신학 원리

THE POLITICAL DISCIPLE:
A THEOLOGY OF PUBLIC LIFE

빈센트 바코트 지음
성석환 옮김

새물결플러스

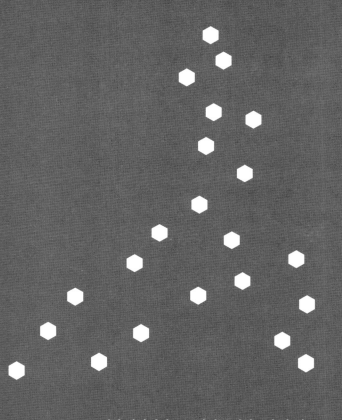

내가 하나님의 부르심에 응답하고자 할 때

나를 사랑으로 지지해주는

아내 쉘리와 두 딸에게

차례

"일상의 신학 시리즈"에 붙이는 서문

진 그린 Gene L. Green

일상의 신학ordinary theology. 두 단어를 하나로 엮으니 모순처럼 들린다. 사람들은 "신학"이라는 단어를 접하면, 대부분 일상에서 동떨어진 상아탑 안의 기독교 학자들이 깊은 생각을 적은, 두꺼운 책에 담긴 딱딱하고 숨 막히는 어떤 것을 생각한다. 우리는 거리에서, 집에서, 직장에서, 학교에서, 체육관에서, 교회에서 생활한다. 그런 매일의 삶에서 일어나는 일상적인 일과 신학은 어떤 관계일까?

사람들은 진심으로 성경 말씀을 현실의 삶 가운데로 가져오고 싶어 하며 하나님의 말씀을 배우려고 교회에 출석한다. 좋아하는 본문 말씀을 읽으면서, 물 위를 떠다닌 노아나 물 위로 걸으신 예수에 관한 옛이야기가 오늘날 우리가 통과하는 마트 계산대와 우리의 업무 시간과 재미로 읽는 소설과 때때로 감내하는 병마와 유권자로서 던지는 표와 잠자는 침대와 어떤 관계인지를 궁금해한다. 예수님을 신실하게 따르려는 우리는 어떻게 성경의 세계와 21세기를 연결할 수 있을까? 우리의 지역 쇼핑몰과 바울이 다닌 아테네 장터(행 17장) 사이에는 마치 메울 수 없는 협곡이 있는 것처럼 보인다. 우리가 야구장이나 도시에서 직면하는 경이롭거나 고된 현실에 관해 성경은 어떤 답을 줄 수 있을까? 어떻게 하면 진실로 모든 시대와 모든 지역의 모든 사람에게 적용되는 하나님의 말씀을 받을 수 있을까?

　　이는 교회가 수 세기에 걸쳐 물어온 질문이다. 성경은 현대에도 유의미한 역사적 문서지만 우리가 직면하는 많은 상황에 관해 직접적으로 말해주진 않는다. 고대 세계가 알지 못했던 파괴적인 핵전쟁에 대한 명확한 언급은 성경에 없다. 당시에 알려지지 않았던 에 이즈 같은 전염병은 어떤가? 노아 이야기가 급격한 기후 변화를 묘사하고 있긴 하지만, 그러한 대재앙과 오늘날의 지구 온난화가 상관이 있을까? 그리스도인들은 수 세기에 걸쳐, 성경 본문을 맥락과 상관없이 모든 상황에 단순히 적용할 수 없음을 이해하게 되었다. 그러나 우리는 여전히 성경이 복잡한 세상을 살아가는 우리를 위한 하나님의 말씀임을 믿는다. 바로 여기서 신학이 등장하게 된다.

"신학"이라는 단어는 테오스^{theos}와 로고스^{logos}라는 그리스어에서 왔다. 테오스는 "하나님"이고 로고스는 "말씀"이다. 단순하게 말하자면 신학이란 하나님에 대한 생각을 표현하는 말들이다. 우리는 하나님에 관해 "하나님은 사랑"(요일 4:8)이라는 등의 믿음이 있고, 예수님이 우리의 죄로 인해 죽었다고 믿으며, 그의 부활로 인해 우리도 죽음을 이길 것이라는 소망을 품는다. 이 모든 것은 신학적 진술이다. 우리는 이러한 기독교 신학을 부모님이나 교회나 성경 등을 통해 전수받았다. 그리고 성경적 신앙이 삶에 어떻게 적용되는지를 알고자 한다. 우리가 성경 말씀과 신학을 가지고 오늘의 문제에 관해 하나님이 말씀하시는 바를 알려고 애쓸 때 우리는 신학을 하고 있는 것이다. 그런 의미에서 모든 그리스도인이 신학자다.

결국 "일상의 신학"은 "신학"의 다른 말이다. 신학이 평범한 일상의 일부임을 강조하는 표현일 뿐이다. 음식도 신학의 중요한 주제다. 음식을 사는 행위, 음식의 필요성, 음식을 먹지 못하는 이들, 음식을 파는 행위 등에 관해 이야기할 수 있다. 성경은 음식의 공급과 배고픔과 너그러움에 관해 뭐라고 말할까? 이런 질문을 던지는 것이 곧 음식에 대한 신학적 사고다. 정부의 복지나 해외 원조에 관해서는 뭐라고 할까? 우리는 성경 전체를 두고 생각하여 얻은 관점과 가르침을 이런 구체적인 문제에 적용할 수 있다. 그것이 바로 신학이다. 이는 모든 그리스도인이 할 수 있고 또 해야만 하는 그런 것이다. 우리는 복음이 우리의 내적인 삶뿐 아니라 세상에서의 삶에도 깊이 연관되어 있음을 믿는다. 일상적 그리스도인으로서 우리가 갈 길은 "일상 신학"의 길이다. 하나님의 메시지를 일상생활의 모든 면에 적용하는 것 말이다.

일상의 신학 시리즈에는 몇 가지 목적이 있다. 우선은 일상에서 발생하는 일반적인 문제에 관해 신학적으로 생각해보는 것이다. 또 다른 목적은 독자가 신학자로서의 실력을 향상하도록 하는 것이다. 이 시리즈의 소책자들은 신학적 방법론의 사례이기도 하지만, 또한 꼭 필요하고 쉽지 않으면서도 즐거운 신학함으로 안내하는 환영의 초청장이기도 하다. 우리 모두는 그물로 고기를 낚는 것이 본업이던 위대한 첫 신학자의 모범을 따르도록 부름받았다. 베드로는 바울처럼 전문적인 랍비 교육을 받지 않았지만 "예수는 그리스도시요 살아 계신 하나님의 아들"(마 16:16)이라는 사실을 처음으로 깨닫고 고백했다. 그는 또한 하나님이 인종과 상관없이 모든 사람을 받아들이셨음을 이해하고 나서 이방인에게 신앙의 문을 열기도 했다(행 10장). 우리 각자가 교회와 가정과 공동체와 스스로의 삶에 신학적으로 이바지할 수 있다. 그러니 자기 자신과 다른 이들을 위하여, 모두 신학자가 되도록 하라.

　　마지막으로 책의 구성에 관해 말하겠다. 각 장은 이야기로 시작된 후 신학적 성찰로 이어진다. 신학은 "인생을 치열하게 살아내는 곳, 갈등과 고민 가운데 생각이 탄생하는 곳, 선택이 이루어지고 결정이 실행되는"[1] 그 현장에서 성경이 우리를 만날 때 생겨난다. 우리는 각자의 삶의 장소에서 신학을 발전시켜나가면서 성경 말씀과 깊은 신학의 우물에 다가가게 된다. 하나님은 사람들과 그들이 거하는 장소에 관심이 있다. 그분은 그리스도를 따르고 섬기는 우리에게 사회로부터 단절된 삶을 요구하지 않으셨고 그 속에서 살아갈 수 있도록 안내해주신다. 그러니 이 책을 즐겁게 읽기를 바란다. 다시 말하지만, 독자들 모두 신학자가 되기를 바란다.

프롤로그

부탁을 받고 가게에 들렀을 때 그곳에서 어떤 일이 벌어질지는 아무도 모른다. 2012년 여름, 나는 일리노이주 휘튼에 있는 자연 식품 매장에서 장을 보고 있었다. 그때 동료인 진 그린 Gene Green이 다가오더니 "빈스, 소책자 시리즈를 기획하고 있는데 그중 정치 신학 관련서를 써보지 않겠어요?"라고 물었다. 나도 모르게 "알았다"는 말이 나와버렸다. 연관된 주제의 책을 집필해볼까 하는 생각도 했었고 정치 신학을 여러 해 가르치기도 했지만, 그 대화 전까지는 정치 신학 책을 집필한다는 생각은 전혀 해보지 못했다.

그러나 이 책은 내가 제자들에게 읽히곤 하는 정치 신학 개론서는 아니다. 좋은 개론서는 이미 여러 권 나와 있다. 엘리자베스 필립스Elizabeth Phillips가 최근에 펴낸 *Political Theology: A Guide for the Perplexed*London: T & T Clark, 2012도 그중 하나다. 그렇다면 이 짧은 책에서 내가 어떤 이야기를 하려는 것인지 궁금할 것이다.

우선 "정치 신학"political theology이라는 말의 의미를 명확히 할 필요가 있다. 책, 논문, 블로그 등을 찾아보면 정치 신학의 의미가 몇 가지는 된다는 것을 알 수 있다. 거기에는 다음과 같은 의미가 있다.

1. 신앙과 정치가 어떻게 연관되는지에 대한 학문적 논의
2. 정치에 관해 성경이 말하는 바에 대한 숙고
3. 특정 상황에서의 정치적 삶을 검토하고 성경적/신학적 관점으로 해석하는 것
4. 현실 정치에 참여하고 있는 그리스도인에 대한 연구
5. 어떤 식으로든 정치에 참여했던 기독교 전통에 대한 연구

그 외에도 많은 의미가 있지만 이 다섯 가지만 봐도 정치 신학의 영역이 매우 넓음을 알 수 있다. 이 영역의 연구는 때로 "공공신학"public theology이라는 이름 아래, 때로는 "공적 삶의 신학"theology of public life이라는 이름 아래 이루어진다. 둘은 어떻게 다를까? "공적 삶의 신학"은 신학이라는 학문을 렌즈 삼아 공적 영역과 관련된 다양한 주제를 들여다보는 방식이다. "공공신학"은 같은 주제들을 다루되, 신학적 사고를 공공 영역에 끌어오는 방법과 그 사고를 공공의 영역에서 이해될 만한 언어로 번역하는 방법(혹은 번역할 수 없다는 사실)에 관한 연구도 포함한다.

그렇다면 정치 신학이란 실제로 무엇을 의미하는가? 이 책에서는 그것을 공공 영역에서의 기독교적 제자도에 관한 연구라고 보되 정치적 삶(넓은 의미)에 방점을 두고자 한다. 다시 말해 이 책에서 내가 대답하고자 하는 주된 질문은 이것이다. 공공 영역에서도 그리스도인으로서의 신실한 삶이 가능할까? 정치가 시민으로 사는 삶을 의미한다면, 그리스도인으로서 지역사회, 국가, 세계의 시민으로 산다는 것은 어떤 의미일까? 이 질문에 답하려면 다음과 같은 여러 질문 앞에 진지해야 한다.

- 그리스도인은 공공의 영역에 참여해도 되는 것일까?
- 기독교 신앙은 공공 영역에의 참여에 어떤 영향을 줄까?
- 그리스도인은 자신의 정체성을 어떻게 이해해야 할까?
- 공공 영역에서 그리스도인은 어떤 사람이어야 할까?
- 공적 참여에 따르는 좌절에도 불구하고 그리스도인은 어떻게 계속 소망을 붙들 수 있을까?

질문 하나하나가 한 권의 책이 될 만한 주제지만, 여기서는 이러한 질문들의 다양한 측면을 고찰해보고자 한다. 이 책의 각 장과 후기가 신앙이 공공의 영역과 어떻게 연결되는지 더 깊이 연구하는 데 자극제로 기여하기를 바란다. 또한 이 책의 논의가 생산적인 토론과 깊은 신앙으로 이어지기를 기도한다.

제1장

허용: 공공 영역에 참여하기

나는 청소년기와 청년 시절에 스포츠, 음악, 정치, 신앙 등의 영역에서 동료나 선배들이 펼치는 강력한 주장에 큰 영향을 받곤 했다. 내 의견이 없었다기보다는 그런 문제에 관해 올바르게 생각하는 방법을 알려는 욕구가 강했던 것 같다. 대학 시절 신앙이 점차 성숙해가면서 나는 그리스도인에게 가장 중요한 우선 순위가 무엇이어야 하는지에 대한 영적 지도자들의 관점에 특별히 주목했다. 내 나름의 의견도 있었지만, 교회나 콘퍼런스에서 영적 지도자들의 의견을 기꺼이 경청했다.

공적 영역에서 그리스도인이 어떻게 살아야 하는지를 고민하게 되면서, 나는 영적 지도자들의 강력한 주장도 매우 다양함을 알게 되었다. 옳은 답을 찾으려는 나의 열망이 도전을 맞이한 것이다. 나중에 알게 된 것이지만 내가 그런 문제로 고민하던 대학 시절은, 바로 미국 복음주의 그리스도인들이 공적 삶을 얼마나 우선시해야 하는지 고민하던 시기였다.

지난 30여 년에 이르는 나의 복음주의적 여정을 돌이켜보면, 수많은 헌신된 그리스도인이 공공의 영역에 참여하는 방법에 대해 서로 다른 결론에 이르는 것을 봤다. 특히 "공적"public이라는 단어가 "정치적"political이라는 단어와 같은 의미로 사용될 때 더욱 그랬다. 관련된 많은 질문은 결국 이런 질문과 연결된다. 어떻게 하면 주어진 삶을 최대한 활용해서 하나님을 기쁘시게 할 수 있을 것인가? 흙탕물 튀는 공공 영역에 우리 삶을 투자하는 것은 그저 시간 낭비일 뿐일까? 조금 더 극단적으로 표현하면 이렇게 말할 수 있다. 한 그리스도인이 신실한 삶을 살면서도 정치 영역에 참여할 수 있는 것일까? 복음주의자들은 꽤 오랜 시간 동안 이런 질문들과 씨름해왔다.

제리 팔웰Jerry Falwell이 이끈 단체인 "모럴 머조리티"Moral Majority, 1979-89[1]가 그리스도인의 정치 참여 의지를 북돋워주긴 했지만, 내가 신학교에 입학한 1990년 당시에도 많은 복음주의자가 정치 참여에 대해 상반된 감정을 느끼는 상태였다. 정치 참여에 대한 그리스도인의 이중적 감정이나 반감은, 기독교 선교와 사회적 행동 사이의 관계에 대한 다양한 관점을 통해 뚜렷이 드러났다. 어떤 이들은 칼 헨리Carl F. H. Henry가 쓴 *The Uneasy Conscience of Modern Fundamentalism*(1974)이나 1974년에 로잔 규약이 복음에 대해 설명한 것을 보라고 하겠지만, 이런 중요한 이정표를 통해서도 결과적으로 그리스도인이 세상에 참여해야 한다든가 사회적·정치적 참여를 복음 선교와 연결해야 한다는 식의 합의된 관점에 완전히 도달하지는 못했다.

나는 선교와 사회 참여에 관한 논의를 위해 수업에 선교학 교수 한 분을 초청한 적이 있다. 그는 그리스도인이 사회 문제에 폭넓은 관심을 두는 것이 중요하다고 말하면서도 정작 복음이 사회, 문화, 정치 등의 광범위한 영역과 너무 가까워지는 것을 불편해했다. 그가 두려워한 것은 두 영역 사이가 너무 가까워지다 보면 사회복음(월터 라우션부시 Walter Rauschenbusch와 가장 많이 결부되는 용어)이 슬슬 기어나와 복음의 영적이고 영원한 일에 대한 관심을 제거하고 복음을 단지 빈곤 문제나 정치 같은 지상의 문제만으로 환원하는 사태가 일어나지 않을까 하는 것이었다. 정치적인 경향이 뚜렷하고 서구 자본주의 사회에 대해서 훨씬 비판적인 태도를 보이는 자유주의 신학에 대한 두려움도 작용했을 수 있다.

이는 일부 그리스도인이 정치 참여에 대해 이중적 태도를 지녔던 것을 보여주는 하나의 사례다. 단, 낙태 허용 논란과 같은 공공 윤리적인 문제에 그리스도인이 꾸준한 관심을 보여온 것도 사실이다. 투표 독려 이상의 공적 참여로까지는 발전하지 못했지만 말이다.

내가 신학교에서 공부하는 중이던 1990년대 말에는 분위기가 급격히 변했다. 당시 수많은 복음주의자가 영혼의 문제뿐 아니라 사회적 사안에도 관심을 두는 통전적 신앙을 주장했고, 이러한 흐름은 조지 부시 George W. Bush 대통령의 재임 초기에 이르러 극에 달했다. 처음에 부시 행정부의 등장은 복음주의가 공적 영향력을 펼칠 좋은 환경으로 여겨졌는데, 무엇보다

"신앙 기반 정책 발의"Faith-Based Initiative 제도와 백악관 연설 작성 담당관으로 활동했던 휘튼 대학Wheaton College 동문 마이클 거슨Michael Gerson[2]의 역할에 크게 고무되어 있었다. 그러나 2002년에 이르자 언론에서는 청년 복음주의자들이 통전적 신앙에 흥분하고 있기는 하나, 현재의 분위기를 바꿔 1970년대 이후 복음주의 정치에서 두드러졌던 기독교 보수 우파를 벗어나길 원한다고 보도하기 시작했다. 복음주의 청년들은 낙태나 동성 결혼 같은 전통적 사안을 넘어 환경이나 빈곤 등의 문제에도 관심을 두기 원했다. 아직도 이런 열망은 남아 있으나 일부 분파들은 반대하고 있다.

2008년 대선 즈음에 이르러 이라크 전쟁에 지치고 정치 활동에도 별 소득이 없자, 복음주의 대중들은 새로운 양가 감정에 빠져들었으며 정치에 회의를 느끼게 되었다. 아예 물러나고 싶지는 않았지만 그렇다고 새로이 노력을 쏟을 곳도 마땅치 않았다. 정치적 행동의 가치는 또다시 열린 문제로 남게 되었다.

이처럼 애매한 입장이 되도록 만든 또 하나의 중요한 요소는 정치적 참여를 뒷받침하는 탄탄한 신학적 기초의 부재였다. 대부분의 복음주의자가 통전적 복음,

공적 참여의 복음에 폭넓게 공감하기 시작한 지 거의 10년이 흘렀는데도 그런 상태였다. 이 같은 신학적 논거의 부족이야말로 이 책을 쓰는 가장 주된 이유다.

직관을 넘어 확신으로

과장처럼 들리겠지만 복음주의적 정치 참여가 가능한지 묻는 것은, 그리스도인이 영화나 음악 같은 일반적 세속 문화에 참여할 명분이 있는지 묻는 것과 유사하다. 내 경험상 정치 신학의 문제를 진지하게 다뤄야 할까의 문제는 언제나 기독교가 문화를 긍정할 수 있을까 하는 고민과 비슷하게 전개됐다.

이번 장의 주요 주제는 허용permission이다. 공공 영역에 참여하는 것은 그리스도인에게 진정 허락된 일인가? 다시 말해, 그리스도인에게 공적 참여를 허용하거나 요구하거나 선택 가능하게 하는 직접적 율법이나 간접적 명령이 있는가? 이것은 수년 전의 내게 결코 답하기 쉽지 않은 질문이었고, 지금까지도 많은 그리스도인에게 매우 어려운 문제로 남아있다. 나는 결국 창조 교리 doctrine of creation 를 통해 나름의 해답에 도달했다. 이 일이 어떻게 일어났을까?

그것은 내게 록스타가 되겠다는 환상이 있었기 때문에 일어난 일이었다. 배우들에게도 매력을 느꼈지만 그들처럼 되고 싶지는 않았다. 대신 나는 무대에 오르고 싶었는데, 이를테면 리드 싱어나 베이스 기타나 리드 기타 역할을 원했다. 나는 전 세계를 순회하며 수많은 청중 앞에서 공연하는 즐거움을 동경한 것이었다. 그러나 음악에 대한 사랑과 그리스도에 대한 나의 헌신은 결국 충돌하게 되었다. 어떻게 "세상"을 긍정하면서 동시에 하나님을 가장 우선시하는 것이 가능한가? 이 질문은 사회, 문화, 교육은 물론 정치 영역에 이르는 공적 참여에 있어 가장 근본적인 질문이다.

대학 시절과 졸업 직후의 시간 동안, 나는 교회 밖 문화에서 나온 선한 것들의 진가를 인정하는 것이 하나님께도 영광이 되고 신학적으로도 타당한 일이며, 문화적·정치적으로 사회를 개선하는 것이 "그리스도인으로서 의식 있는 행동"일 것이라고 대충 짐작만 하고 있었다. 이런 생각을 뒷받침할 신학적 지식이나 성경적 근거는 없었지만 어쨌든 주위 문화를 즐기고 거기 참여하면서도 그리스도인으로 살 수 있을 것이라는 느낌이 들었다.

그러다가 신학대학원에 가기 전 한두 해 동안 프란시스 쉐퍼Francis Schaeffer의 글을 접하면서 직관적 차원을 넘어서는 계기를 맞았다. 나는 쉐퍼의 책을 영상화한 시리즈물 "그러면 우리는 어떻게 살 것인가?" How Then Shall We Live?를 통하여, 폭넓은 문화 영역에서 선한 것을 감상하고 즐기면서도 문화를 변혁해야 한다고 생각하는 기독교 지도자를 처음 만난 셈이었다. 문화에 대해 배타적 복음주의나 현실도피주의로 대응하지 않는 그리스도인도 있다는 사실을 알고 안도감을 느꼈다.

쉐퍼를 통해 배움을 얻기는 했지만, 그리스도인이 문화를 즐기고 거기에 참여해도 된다는 주장에 대한 신학적 논거가 내게는 여전히 부족했다. 신학교에 가서야 비로소 나의 오랜 직관적 판단을 뒷받침하는 신학적 목소리들을 발견했다.

나는 목회를 준비하려는 생각으로 트리니티 복음주의 신학교Trinity Evangelical Divinity School에 입학했고, 그곳에서 그리스도인도 문화에 참여해야 함을 입증할 방법을 찾으려 했다. 첫해 동안 좀 더 명확한 소명의 길 (목회자보다는 교수로서)로 들어선 나는, 틈틈이 신학과 문화의 관계를 연구했다. 시간이 날 때마다 이 주제로 글을 쓴 저자들을 연구했다. 그러다 보니 많은 사람이 이 논의에서 아브라함 카이퍼 Abraham Kuyper 를 중요한 신학자로 언급한다는 것을 발견했다. 흥미를 느낀 나는 카이퍼의 문화 신학을 따로 연구하게 되었다. 그리스도인의 문화적 참여에 대한 나의 직관에 신학적 실체를 공급해줄 문이 열린 것이다.

우선 이야기해둘 것이 있다. 모든 신학자는 오점이 있는 한 인간이다. 나는 카이퍼를 읽으며 일찍이 이것을 알게 되었다. 그 시대의 다른 많은 사람처럼 그도 문명과 인종에 대한 선입관을 전제하고 있었다. 소위 유럽인이 다른 이들보다 우월하다는, 특히 아프리카인에 비해 그러하다는 생각이었다. 인종에 대한 카이퍼의 진술을 접하면서 나는 비판적 사고에 눈을 떴다. 그가 나 같은 사람을 열등하게 여겼음에도 그의 신학에서 유익한 측면을 찾을 수 있을지 판단해야만 했다. 생각할수록 인종에 대한 그의 관점은 이 신학의 가장 좋은 면과 모순이었다. 카이퍼는 문화적 편향성을 넘어 자기 신학의 함의를 완벽히 살아내지는 못했다. 나는 아무리 위대한 인물이라도 결정적인 약점이 있을 수 있음을 알게 됐다. 하지만 카이퍼의 그런 한계에도 불구하고 나는 여전히 "카이퍼주의자"를 자처한다. 그는 아마도 지금 천국에서, 지상에서보다 훨씬 올바른 관점으로 보고 있으리라.

카이퍼의 문화 신학에 대한 나의 연구는 주로 1898년 그가 프린스턴 신학대학원에서 했던 "스톤 강연" L. P. Stone 에 초점을 뒀다. 이 강연을 처음 읽으면서, 감동적이고 활력을 줄 뿐 아니라 궁극적으로 삶을 변화시킬 만한 아래의 내용과 맞닥뜨렸다. 카이퍼는 칼뱅주의에 관해 이렇게 말했다.

[칼뱅주의는] 하나님의 형상으로 빚어진 "인간"만을 존중한 것이 아니라 하나님이 창조하신 "창조세계"도 존중하여, 구원을 일으키는 "특별은총"과 함께 "일반은총" 이라는 위대한 원칙을 즉시 전면에 내세웠다. 일반은총은 세계의 생명을 지속하고 거기 임한 저주를 풀며 타락의 과정을 저지함으로써 우리의 생명이 자유롭게 성장하여 창조주 하나님을 영화롭게 할 수 있게 한다. 그래서 교

회는 신자들의 모임 그 이상도 이하도 아닌 것으로 약화되고, 세상에서의 삶은 모든 영역에서 하나님으로부터 벗어난 것이 아니라 단지 교회의 지배에서 벗어났다. 이에 따라 가정 생활이 다시 독립성을 얻고, 무역과 상업이 자유 속에서 그 힘을 깨달았으며, 예술과 과학은 교회의 통제에서 벗어나 그 영역만의 영감을 되찾았다. 그리고 인간은 모든 자연과 거기 숨은 힘과 보화를 정복하는 것을 "모든 것을 다스리라"는 낙원에서의 원초적 명령에 따라 자신에게 부과된 신성한 의무로 이해하기 시작했다. 이제부터 저주는 창조세계 그 자체가 아니라 그 가운데 죄악된 것 위에만 머물 터였다. 이제 세상에서 탈피한 수도원적 삶 대신, 세상 속 삶의 모든 자리에서 하나님을 섬기는 것이 의무로서 강조되었다. 교회에서 하나님을 찬양하고 세상에서 그를 섬기는 일은 고무적인 자극이 되었고, 이제 교회에서는 세상의 죄악과 유혹에 저항하는 일에 힘을 집중시켰다.…세상에서의 삶은 독립적으로 존중받아야 한다.…이제 우리는 모든 영역에서 보화를 발견하고 자연과 인간의 삶 가운데 하나님이 숨겨둔 잠재력을 개발해야 한다.[3]

다른 곳에도 썼지만, 이 말들은 나에게 마치 산소와도 같았다.[4] 수년 동안 신학적 진공 상태에 있는 것처럼 미약한 직관으로 버티며 산소 부족을 느끼고 있었는데 이제는 그렇지 않았다. 드디어 그리스도인이 세상에 참여하는 일에 분명한 정당성을 부여하는 신학적 근거를 찾았다. 이 발견은 나의 기독교 신앙에 새로운 언어를 선사했다.

이런 황홀한 발견에서도 가장 중요한 부분은 바로 "일반은총 교리"doctrine of common grace였다. 이전에는 "일반"common과 "은혜"grace가 함께 사용된 것을 보지 못했다. 나는 은혜를 주로 "그리스도를 통해 값없이 주어지는 하나님의 전적인 선물"로 이해했다. 그런데 이제는 세상에 참여함으로써 하나님께 영광 돌릴 수 있게 하는, 창조세계를 향한 은혜를 알게 되었다. 과거에는 이러한 입장의 신학적 주장이 있음을 어렴풋하게만 알았었는데, 이제 그 이름을 정확히 알게 됐다. 일반은총은 창조 신학의 더 깊은 차원으로 들어가는 열쇠였고 "세상 속에서의" 삶을 진지하게 받아들여야 할 이유였다. 이제 나는 그리스도의 주 되심과 삶의 공적 측면을 끌어안으려는 나의 열망을 결합한, 지식에 입각한 믿음의 길로 들어섰다.

세상이란 무엇인가?

앞에서 말한 강연 내용을 반복해서 읽을 때 나의 눈길을 끈 것은 이 구절이었다. "이제 세상에서 탈피한 수도원적 삶 대신, 세상 속 삶의 모든 자리에서 하나님을 섬기는 것이 의무로서 강조되었다." 이는 내가 여러 해동안 느낀 바지만, 이렇게 말하는 그리스도인은 거의 보지 못했다. 나에게는 "세상을 조심하라"는 말을 좌우명으로 삼고 "세상을 사랑하지 말라"는 식으로 경고하는 신앙이 더 익숙했다. "세상 속" 삶을 너무 진지하게 받아들이지 않도록 경계하는 것은 뭔가 매력적인 영적 태도처럼 느껴졌는데, 특히 교회나 콘퍼런스나 기독교 방송에서 접하는 설교자나 선교사나 다른 영적 전문가가 열정적으로 힘주어 외칠 때면 더욱 그랬다. 실은 내가 새로운 신학적 공기를 마시고 흥분하고 있을 때조차, 나의 머릿속에서는 그런 식의 열정적인 영적 반론이 울려 퍼지고 있었다. 그래서 카이퍼를 읽고 난 후에도 한동안은 아래와 같은 내적 대화에서 벗어나지 못했다.

나: 드디어 세상에 참여해야 한다는 내 생각이 옳았다는 것을 알았어.

내면의 목소리: 확실할까? 성경에서는 세상을 사랑하지 말라고 했잖아. 우선순위가 잘못된 것 아닐까?

나: 그렇지 않아. 사회에서도 우리 역할이 있는 것 아니겠어?

내면의 목소리: 우리가 하는 모든 일이 하나님께 영광이 되어야 하는데, 그건 모든 것을 복음에 연결함으로써 하나님께 충성해야 한다는 뜻이야. 정치에 참여하고 세속적 세상에서 좋은 것을 찾느라 시간을 낭비하면서 어떻게 그럴 수 있겠어? 게다가 세상에 참여했다가는 "나쁜 친구들"에게 휘말려 타락할 위험에 놓이게 돼. 야고보서 4:4 말씀을 기억해야 해. "누구든지 세상과 벗이 되고자 하는 자는 스스로 하나님과 원수 되는 것이니라."

나: 물론 예수님은 내 삶의 주님이시고 나는 전적으로 그분을 위해 살길 원해. 하지만 하나님을 기쁘게 해드리는 방식으로 세상에 참여함으로써 그런 신실한 삶을 살 수 있다고 봐. 정치든 음악이든 교육이든 우리가 그것을 잘

해낸다면 하나님이 기뻐하시지 않을까?

내면의 목소리: 그게 복음과 무슨 상관이야? 정말로 "저 밖에서" 하나님을 기쁘게 해드리려면, 증인이 될 수 있는 분명한 방법을 찾아야지. 바울이 예수님을 알리기 위해 여러 사람에게 여러 모습이 된 것처럼 말이야.

나: 모든 삶의 영역에서 최선을 다하고 나아가 세상을 바꾸려고 애쓰는 것이 하나님께 대한 신실함을 표현하는 길 아닐까? 모두를 위해 더 나은 삶을 만들어 가는 것도 가치 있는 일이 아닐까?

내면의 목소리: 성경은 세상이 오직 더 악해질 뿐이라고 했어. 개선하려는 노력은 헛수고야. 배는 이미 가라앉고 있다고! 우리가 하는 일은 모두 훌륭한 복음의 증인이 되는 방향에 맞춰져야 해. 더 많은 이가 구원을 얻는다면 세상이 조금은 나아질지도 모르지만, 사회를 바꾸는 일 자체에 시간을 낭비할 수는 없어. 그건 이미 진 싸움이니까. 결국은 그리스도를 위해 행한 일만 남게 되는데, 그건 예수님을 전하는 것처럼 영생과 관련된 일뿐이야.

나: 무슨 말인지는 알겠지만 옳은 말인지는 모르겠어. 카이퍼의 말에 일리가 있는 것 같으니 조금 더 생각해봐야겠어.

오랫동안 이런 내면의 대화를 하던 나는 마침내, 일반은총이 예수님께 대한 충성을 타협하지 않으면서도 세상에 참여하는 길을 가도록 우리를 강권한다는 사실을 깨달았다.

"어떻게 하면 그런 길을 찾을 수 있을까?" 나는 대학 시절부터 이 고민을 했고 다른 이들도 비슷한 고민이 깊다는 것을 알게 되었다. 고민할만했던 것이 정치, 사업, 음악 등의 영역에 참여했다가 그 일에 빠져들어 우선순위를 잃은 그리스도인들 이야기도 흔히 들을 수 있기 때문이다. 그러나 경고가 될 만한 이야기가 존재한다고 해서 참여하지 말아야 하는 것은 아니다. 나쁜 사례가 있다는 사실만으로 올바른 사회 참여 방식을 찾으려는 노력을 멈출 수는 없다.

그러면 우리는 어떻게 세상에 참여해야 할까? 일반은총은 정확히 어떻게 작동하는 것이며, 세상을 보는 우리의 관점을 어떻게 바꿔놓을까? 이것이 어떻게 문화와 공적 삶에 대한 사적 욕망의 합리화가 아닌 건전한 신학일 수 있을까?

일반은총은 우리의 관심을 하나님의 창조세계로 돌리며 중대한 질문 앞에 서게 만든다. 성경이 말하는

"세상"이란 무엇인가? 내 내면의 목소리처럼 카이퍼의 강연도 우리가 타락한 세상에 살고 있다고 전제했다. 그리스도인들은 이처럼 타락한 세상에서 신실하게 살아가고자 한다는 점에서는 같지만, 이를 위하여 우선순위를 정하는 관점은 서로 다르다. 내 머릿속에서 울리던 내적 spiritual 목소리는 세상이 타락했으므로 될 수 있으면 사회에 참여하지 말고 저항하며 살아야 한다고 했다. 문화적 참여나 정치적 관심이 전도나 제자도 같은 신앙 훈련보다 우선해서는 안 된다는 것이다. 다른 무엇보다 하나님의 구별된 백성임을 드러내며 살아야 한다. 그러나 카이퍼와 일반은총 교리는 생각의 폭을 넓혀준다. 하나님은 자비를 베푸셔서 타락의 결과가 모두 온전히 작용하지는 못하게 하셨고, 이로 인해 인간이 삶의 모든 영역에 참여함으로써 하나님께 영광을 돌리는 일이 가능해졌다.

어쩌면 내가 혼란스러웠던 이유 중 하나는 "창조세계" creation 와 "세상" world 을 거의 같은 단어로 이해한 데 있었을지도 모르겠다. 그러다 보니 창조세계에 참여하는 것을 "세상 속에서 사는 것"으로 생각하여 하나님이 기뻐하지 않으시는 일로 여겼다. 요한 1

서 2:15-17과 같은 말씀에서 "세상을 사랑하지 말라"고 했기 때문이다. 그러니까 내가 이해하기로, 창세기 1:31에서는 창조세계가 "하나님이 보시기에 좋았다"고 했지만 창세기 3장에서는 그 판단이 달라진 것 같았다. 창조세계가 타락하여 사탄의 소유가 되었기 때문이다. 창조세계와 세상이 같은 것이라면 그것은 정말로 침몰하는 배에 비견될 만하다. 나의 내면의 음성이 말했고, 몇몇 기독교 전통에서 실제로 주장하는 것처럼 말이다. 침몰하는 배에서 가장 먼저 해야 할 일은 우선 사람들을 탈출시키고 구원의 구명정으로 옮겨 마침내 천국의 해변으로 이끄는 일일 것이다. 그러나 성경을 자세히 공부하다 보니 내게 혼동이 있었음을 알게 됐다.

성경에서 "세상"으로 번역된 그리스어 단어에는 "창조세계"라는 의미도 있지만 "세상의 체제"나 "창조세계에서 살아가는 방식"이라는 의미도 있다. 요한 1서 2:15-17을 다시 자세히 보니, 대학 시절에 암송할 때는 놓쳤던 부분이 눈에 들어왔다. 본문이 사랑하지 말아야 할 대상이라고 한 "세상"은 창조세계 자체를 가리킨 것이 아니었다. 그 뒷부분에 보면 우리가 피해야 할 것이 잘못된 육신의 정욕, 안목의 정욕, 이생의 자랑이라고 나온다. 즉, "세상"은 잘못된 성향의 문제이지 창조세계 자체를 말하는 것이 아니다. 이것은 내게 새로운 깨달음이었다. 세상을 사랑한다는 것은 창조주가 아닌 다른 존재에게 충성하면서 살아가는 삶의 방식을 말하는 것이었다. 세상을 사랑하는 자는 창조세계의 설계자가 주신 가르침을 무시하고 자기가 원하는 방식으로 살아가는 자다.

최초의 대위임령

이제 정말 중요한 것은 창조세계에서 벗어날 방법이 아니라 그 안에서 제대로 살아갈 방법을 모색하는 것이라는 점이 분명해졌다. 그런 후에 성경의 처음으로 돌아가 보니 우리에게는 처음부터 부여된 소명이 있었다. 이전에 나는 창세기 1:26과 1:28을 눈여겨본 적이 없었는데, 이 구절은 인간이 하나님의 형상으로 지어졌기에 존귀하다는 사실을 강조하고 있었다. 특히 창조세계를 지배하라는 부분은 그리 중요하게 여기지 않았었고 농경 문화와 관련된 것이겠거니 생각했다. 그러나 카이퍼를 만나면서 성경에 나오는 대위임령이 하나가 아님을 알게 됐다. 마태복음 28:19-20이 "모든 족속을 제자 삼으라"고 명한다면, 창세기 1:26과 28은 창조세계를 경작^{cultivate}하라고, 최선을 다해 관리하여 세상이 번영하게 하라고 명하고 있다. 인간은 하나님의 형상으로 창조되었고, 그 형상을 드러내는 가장 핵심적인 활동은 최선의 "다스림"^{rule}을 펼치면서 창조세계와 협력하는 것이다.[5] 창세기 3장이 본원적 대위임령에 초를 친 것에는 틀림이 없다. 그러나 타락이 창조 질서로부터 빠져나갈 전략 이상의 책임을 면해줬다고 생각한다면 오산이다.

일반은총은 우리가 계속해서 첫 대위임령에 헌신할 수 있게 해준다. 타락한 현실 때문에 우리의 과업은 창세 때보다 훨씬 어려워졌다. 왜곡된 방법으로 창조세계에 참여하는 사람이 많기 때문이다. 창조세계에서의 삶이 요한1서 2:15-17에 나타나는 세속성을 보이는 것을 당연한 일이라고 여기는 경우도 많다. 그러나 일반은총은 타락으로 인한 여러 어려움에도 불구하고 하나님께서 이렇게 말씀하신 적이 없음을 상기시킨다.

"내가 줬던 첫 대위임령을 기억하느냐? 이제 의미 없으니 잊어버려라." 일반은총 교리는 그리스도인의 신실한 삶에 필수적인 부분을 명확히 제시해준다. 복음을 선포하고 예수를 전하며 사람들이 교회 생활에 참여함으로써 신실한 제자도의 길로 나아가게 하는 일은 대단히 중요하다. 그러나 그만큼 세상을 돌보는 일, 정치, 경제, 의료, 교육, 문화 등의 모든 공적 영역에 참여함으로써 생명을 풍요롭게 만드는 일 역시 언제나 우리의 책임이었음을 분명히 아는 것도 매우 중요하다. 첫 대위임령이 가장 충만하게 이행되기 위해서는 더욱 온전한 인간이 되는 여정 가운데 있어야 한다고 생각하면 이해하기 쉽다. 그런 여정에 있는 것은 바로 그리스도인이다. 그들은 궁극적 인간이자 온전한 신이신 예수님을 따르기 때문이다. 일반은총은 하나님의 창조세계에서 신실하게 살아가는 삶이란, 사회의 여러 측면이 제대로 작동하게 하는 법을 보여줌으로써 하나님께 영광을 돌리는 것임을 깨우쳐준다. 이러한 깨달음은 다른 면에서도 큰 유익이 있다. 대다수 그리스도인이 선교와 직접 관련된 일을 하며 살지 않는데, 일반은총은 우리가 세상에서 하는 일 역시 가치가 있는 이유를 알려준다. 주일이 아닌 날의 일상도 의미가 있음을 깨닫게 한다.

일반은총의 또 다른 유익은 세상을 사탄이 지배하는 곳으로 여기기보다 하나님의 창조세계로 진지하게 바라보게 한다는 점이다. 많은 그리스도인이 나쁜 의도도 없이, 물질세계를 악마적인 것으로 봤던 고대 영지주의자처럼 말하는 경우가 많다. 복음을 마치 창조세계로부터의 위대한 탈출인 양 말하는 것을 듣기도 했다. 그런 주장은 그리스도의 성육신 사건이 "물질세계가 궁극적으로 선하며 결국 구원에 이르게 됨"을 의미한다는 사실(롬 8:19-22)을 망각한 것처럼 들린다. 물론 세상에서 목격하는 수많은 불행으로 인해 탄식할 일이 많고, "주 예수여, 어서 오시옵소서"라는 기도밖에 할 수 없는 날이 많은 것도 사실이다. 그러나 우리에게는 여전히 세상에서의 삶에 대한 책임이 있기에 "이 세상은 내 집이 아니고, 이곳은 그저 지나가는 곳일 뿐"이라고만 해서는 안 된다. 물질주의 문화와 정치적 우상과의 절연을 표현하고 하나님께 대한 충성을 표현하는 뜻에서 이런 말을 하는 사람이 많다는 것은 안다. 그러나 이런 표현이 창조세계에서 우리의 역할을 저버리도록 하는 영적 탈출구가 될까 두렵다. 이런 나의 생각에 동의하지 않는다고 해도 막상 이 세상에 사는 동안 무엇을 할 것인지 묻는다면 제대로 답할 수 있을까? 교회에서만이 아니라 삶의 다른 영역에서 어떻게 하나님께 영광을 돌릴지 묻는다면 어떻겠는가? 주일이 아닌 삶의 다른 부분을 복음 전파와 연결할 수 없다면, 그런 삶에는 어떤 의미가 있는가?

과연 공적 영역에서의 그 모든 시간은 어떻게 보내야 할까? 특히 사회를 형성하고 유지하기 위한 공적 행위에 참여할 때는 무슨 일을 해야 할까? 그리스도인의 대다수는 전업으로 교회 일을 하지 않으며 한 주의 대부분을 소위 "영적인 것"으로 규정되지 않는 일을 하며 보낸다. 그렇다면 우리에게 주일 외의 삶은 어떤 의미가 있는가? 나는 일반은총이 이런 질문에 답하도록 도와준다고 믿는다.

다른 각도에서 보면 또 다른 질문이 생긴다. 사회 참여가 제한된 곳에 사는 이들은 어떻게 해야 할까? 이런 경우 때문에 창조세계에서의 삶에 대한 이해가 달라질까? 이것이 사회에 참여하기보다는 빠져나갈 방법을 모색해야 할 정당한 이유가 될까? 나는 그렇게 생각하지 않는다. 창세기 3장에 나온 저주의 결과로 많은 나라에서는 공적 영역에 참여함으로써 하나님께 영광을 돌릴 기회가 주어지지 않고 있다. 말레이시아나 북한 같은 곳에서 산다면 공적 삶을 통해 첫 번째 대위임령에 순종할 기회가 확연히 적어지겠지만, 그래도 우리에게는 여전히 책임이 있다. 그런 곳에 사는 그리스도인은 실제로 유배지와 같은 곳에 거주하면서, 아주 희미한 향기나 사소한 형태의 사회적·문화적·정치적 삶에 그칠지라도 어떻게든 창조세계의 청지기로서 하나님께 영광 돌릴 기회를 모색하며 기도할 수밖에 없는 상황이다. 그런 상황에서도 우리는 소위 "대안적 증언"alternative witness의 형식으로 창조세계에 대한 책임을 다할 수 있다. 이 경우 문화적 참여나 사회정치적 발전 양상이 공적 영역보다 주로 기독교 공동체 내에서 나타나는 제약이 있을 수 있지만, 고립된 상황이라고 하여 문화 속으로 스며들어 문화를 변혁할 기회 찾기를 멈춰야 하는 것은 아니다. 기독교 공동체는 언제나 청지기로서의 본보기와 실천을 보일 장소이며, 그러다가 공적 영역으로 나아갈 기회가 오면 현명하고 용기 있게 밀고 나가야 한다.

"창조세계의 청지기"라는 말이 언급될 때 종종 제기되는 또 다른 질문은 인간에게 주어진 지배권을 이기적이고 부주의한 방식으로 지구를 파괴할 권한처럼 여겨도 되느냐는 것이다. 분명 일부 그리스도인들은 두 가지 의미에서 창조세계에 대한 우리의 책임을 무시해왔다. "물질적인 것"에 비해 "영적인 것"을 지나치게 강조하거나, "지배권"을 무자비하게 다스릴 권리로 오해한 것이다. 그러나 이런 잘못이 있었다고 해서 우리의 책임을 회피하면 안 된다. 하나님이 지으신 지구의 청지기가 되려면 하나님이 부여하신 책임에 신실하게 응답해야 한다. 우리가 "책임적" 청지기임을 이해한다면 절대 경솔한 방식으로 창조 질서에 참여할 수는 없을 것이다. 오히려 환경, 정치, 교육, 문화와 그 외의 여러 방식으로 창조세계를 제대로 돌보는 일에 앞장설 것이다.

위대한 기회는 언제나 우리 앞에 있었다. 하나님은 자비를 베푸셔서 우리가 상상하는 것보다 더욱 온전히 다른 이들의 삶에 참여할 수 있게 해놓으셨다. 삶의 모든 영역은 하나님을 영화롭게 하기 위한 영토다. 아직 그런 영토가 지도에 존재하는지조차 모르는 이들도 있지만, 이미 많은 이들은 그곳에 진입해도 된다는 "허용"만을 기다리고 있다. 이제 우리는 그곳에서 무엇이 기다리고 있는지를 안다. 바로 공적 영역이 우리의 참여와 변혁적 현존을 기다리고 있다.

제2장

관점: 정체성과 충성심

1972년 대통령 선거는 정치와 관련된 나의 첫 기억이다. 당시 우리 집에서는 추호의 의심도 없이 조지 맥거번 George McGovern 후보를 택했다. 다른 기억은 희미하지만 맥거번 후보를 택한 이유가 정당 때문이었던 것은 생각이 난다. 바코트 집안에서 민주당 후보를 찍는 것은 당연한 일이었다. 민주당이 "우리 편"이었기 때문이다. 여기서 "우리"란 아프리카계 미국인을 말한다. 당시 민주당은 미국의 인종 차별 역사를 바로잡는 정책들을 지지하는 정당으로 여겨졌다.

그때 나는 일곱 살이어서, 1960년대를 기점으로 민주당 일부의 남부 탈당파 이미지와 링컨 정당으로서의 공화당 이미지가 옅어진 것은 몰랐다. 내가 아는 것이라곤 부모님이 닉슨에게 투표하지 않으리라는 것과 1976년에는 주저 없이 카터에게 투표할 것이라는 사실뿐이었다.

나의 정치적 견해가 형성된 것은 집안에서 이루어진 활발한 정치적 토론 때문도 아니고, 비교적 순진한 내 마음에 영향을 준 언론 매체 때문도 아니었다. 그냥 그곳에 있다 보니 저절로 그렇게 됐다. 마치 보이지 않는 공기처럼 부모님과 여러 친척이 나누는 대화의 흐름이 자연스레 기풍을 형성하면서 민주당을 지지하는 것이 나에게도 당연해졌다. 나는 무의식중에 그것을 정의라고 여기기도 했다. 아무도 그런 관점을 강요하지는 않았지만 다른 정당이나 정치적 견해는 상상도 할 수 없었다.

이 문제를 다르게 볼 수도 있다. 나는 스스로를 메릴랜드주에 거주하는 가족의 일원이자 미국 시민으로 인식했다. 침례교인으로 자라났고 여덟이나 아홉 살 때 이미 복음의 진리를 분명히 믿었지만, 열한 살 때까지는 교회에 등록하여 세례를 받지 않았다. 당시 신앙에 대한 나의 생각은 그리스도인이 예수로 인해 영생을 얻었다는 것과 하나님께 순종하며 살아야 한다는 것 정도였다. 그것은 매우 개인적인 신앙이었다. 좋은 그리스도인이 되고자 하는 열망은 강했고 다른 누구보다 하나님께 충성해야 한다는 것도 알았다. 그러나 하나님을 향한 이 충성심은 내가 "당연하게" 여긴 민주당에 대한 충성심과는 분명한 관련이 없었다. 당시에 누가 나에게 "예수님도 공적 삶에 관심이 있냐"고 물어봤다면 "아마도 그렇겠지"라는 정도의 애매한 대답밖에 못 했을 것이다. 물론 정의가 우리 편이기에 좋은 그리스도인이라면 누구나 민주당 후보를 찍어야 한다는 생각은 했지만 말이다.

그 시절을 돌이켜볼 때 흥미로운 것은, 내가 민주당이 정의라는 결론에 이르고 있던 바로 그때 일부 복음주의 그리스도인들이 낙태권에 반대하는 정치적 목소리를 내기 시작했다는 사실이다. 내가 여덟 살이던 1973년, 연방대법원은 "로 대 웨이드 Roe v. Wade 판결"에서 낙태권을 인정했다. 그리고 타임지나 뉴스위크지에 따르면 1976년은 "복음주의자의 해"The Year of the

Evangelical였다. 나는 당시 미국이 소련과 반목하던 상황인 것은 알았지만(냉전이라는 단어는 고등학교에 가서 배웠다), "공산주의"가 많은 그리스도인에게 "기독교에 대한 혐오"의 뜻으로 읽힌다는 것은 몰랐다. 또한 복음주의 개신교인이 거의 수십여 년 동안 정치적 사안에 개입하지 않다가 비로소 그때부터 정치 문제에 활발하게 관여하기 시작한 것도 몰랐다. 그리고 로널드 레이건Ronald Reagan이 지미 카터Jimmy Carter를 백악관에서 몰아낸 후부터는 대다수의 복음주의자가 줄곧 공화당을 지지하게 되었다는 것도 전혀 몰랐다. 그러나 내가 미국에 사는 그리스도인으로서 예수님과 특정 정당에 각각 따로 충성하고 있다는 사실은 인식하고 있었다. 나는 하나님께 속해 있으면서도 국가 전체와 특정 정당에 대한 정치적 충성심을 지니고 있었다.

흔들림과 변화

대학에 들어갈 무렵, 내게 신앙과 공적 삶의 관계는 좀더 복잡하면서도 선명해졌다. 나는 성경을 믿는 교회에 다니는 아프리카계 미국인이 흔히 하는 경험을 했다. 예수님께 헌신한 것은 같지만 정치적 견해가 다른 그리스도인들과 성경공부를 한 것이다. 그때는 깨닫지 못했지만, 이것으로써 나는 복음주의라는 하위문화에 공식적으로 입문한 셈이었다. 정치적 견해 차이는 그들과의 우정에서 큰 문제를 일으키지 않았다. 성경을 믿으면서도 공화당을 지지하는 그리스도인이 있다는 사실에 대한 나의 충격을 숨기고 있었기 때문이다. 나는 성경공부 모임도 소중히 여기고 정치적 견해도 유지하는 한편으로 말없이 이런 의문을 품었다. 저들과 우리 교회의 대다수 교인은 어떻게 1984년 대통령 선거에서 공화당 후보를 지지하는 것을 "당연하게" 여길 수 있는 것일까? 하지만 그리스도인 친구들과 대화할 때 정치 이야기는 거의 꺼내지 않았다. 앞 장에서 말한 대로 내게는 록 음악을 좋아하는 데서 비롯된 영적 갈등이 더 큰 일이기도 했다. 그런 내게 서서히 변화가 일어나고 있었다.

대학을 졸업했을 때 나는 복음주의 하위문화에 꽤나 친숙해져 있었다. 또한 성경공부와 신앙적 교제와 교회를 통하여 이룬 영적 성숙에 깊이 감사하고 있었다. 그리고 졸업한 후 신앙적 성장을 멈추지 않을 방편으로 기독교 라디오 방송을 듣게 되었다. 너무 순진하게 들릴 수도 있겠지만, 그때 나는 매일 듣던 방송의 설교자나 진행자들을 상당히 신뢰했다. 복음주의를 표방하는 방송국이라면 당연히 성경에서 나온 관점만 제시할 것이라고 믿었다. 설사 특정 문제에서 동의할 수 없더라도 큰 틀에서 차이가 없었기 때문에 나는 거기서 나오는 음성을 신뢰했다. 주로 척 스윈돌 Chuck Swindoll, 찰스 스탠리 Charles Stanley, 존 맥아더 John MacArthur 등의 설교를 즐겨 들었지만, 가정, 정치, 문화 관련 이슈를 다루는 프로그램도 자주 들었다. 제임스 돕슨 James Dobson 의 "가족에 대하여" Focus on the Family 나 제임스 케네디 D. James Kennedy 의 "변화를 가져오는 진리" Truths That Transform 같은 프로그램이 돋보였다.

나는 차 안이나 직장에서 듣던 이 방송들에 대한 신뢰를 바탕으로 그리스도인으로서 미국과 더 넓은 세계에서 어떻게 살아가야 하는지에 대한 사고를 발전시켜나갔다. 프로라이프 운동(특히 낙태 제한법을 지지하는 것)과 동유럽 공산 정권에 유리한 정책에 대한 반대 등의 사안이, 미국의 유대-기독교적의 전통의 회복에 관한 여러 이야기와 함께 크게 다뤄졌다. 어느덧 대통령 선거나 의회 선거와 관련하여 내게 의미 깊은 변화가 일어났다. 나는 그리스도께 충성된 사람이라면 당연히 공화당 후보를 지지해야 한다고 생각하게 되었다. 공화당이야말로 생명을 존중하고 미국을 위하는 정당이라고 생각했기 때문이다.

이 시점에서 이런 의문이 들 것이다. "아프리카계 미국인을 위한다는 이유로 지지하던 민주당은 어떻게 되는 거지?" 나는 여전히 교육, 고용, 아메리칸 드림에 접근할 기회에 대한 고민이 많았지만 "흑인 민권 운동" the Civil Rights Movement 의 결과로 이미 긍정적인 진전이 많이 일어났다고 확신했다. 그리고 복지나 차별 철폐 조치가 본래 의도한 결과를 낳을 것이라고 믿지 못하게 됐다. 이런 변화의 더 크고 궁극적인 원인은 정체성과 충성심 모두와 관련된 문제였다. 나는 내 삶 전체의 주인이신 그리스도께 대한 헌신에서 나온 정체성을 원했다. 그리고 그때는 복음주의 하위문화에서 특별히 강조하는 정치적 사안에 전념하는 것이 내 충성심을 담아내는 가장 좋은 방법 같았다. 인종 문제도 여전히 매우 중요한 관심사였지만, 낙태 문제나 성경에 근거한 프로라이프 입장을 인식하게 되면서 생명을 지향하는 정책을 내세우는 후보를 지지해야 한다고 믿게 되었고, 이에 따라 국가 공무직으로 공화당 후보가 더 적절하다고 생각하게 되었다.[1] 물론 낙태와 인종 문제를 모두 다루는 후보를 바랐지만 그것은 희망 사항이었다. 내게 가장 중요한 것은 그리스도인으로서의 내 정체성과 주님 되신 그리스도께 대한 신실함에서 흘러나온 궁극적 충성심이 서로 만나는 것이었다. 신앙과 공적 관심 사이에 더욱 명확한 연계성을 확보함으로써 공적·사적으로 신실한 신앙을 갖기 원했던 것이다.

그때나 지금이나 이런 내 바람은 말이 쉽지 현실적으로는 훨씬 복잡한 것이다. 똑같이 신실한 그리스도인이라도 지지하는 후보의 정치적 스펙트럼은 다양하다. 나의 가족들이나 복음주의자 친구들만 해도 그리스도를 왕으로 모시려는 마음은 같지만 서로 다른 정치적 결론에 이르게 됐다. 1980년대 후반 이후, 복음주의 그리스도인들은 여전히 대체로 공화당 후보를 선호했지만, 민주당이나 자유당 소속의 후보를 지지하면서도 복음주의자를 자처하는 이들이 큰 주목을 받기도 했다. 어떤 사람들은 명확한 정치적 입장과 거리를 두

기도 했다. 이런 복잡한 상황은 의미심장한 딜레마를 드러낸다. 그리스도인은 자신을 어떻게 바라봐야 하며, 인간 공동체의 다양한 차원에 대한 자신의 충성심을 어떻게 분별해야 할까? 우리는 한 가정에 속한 개인이고, 세계의 어느 곳에 있는 특정 국가의 특정 지역 주민이며, 동시에 하나님께 속한 존재다.

성경적 관점으로 살피기

이제 우리의 정체성과 충성심을 파악하는 데 도움이 될 만한 일을 시도해보겠다. 전부 다룰 수는 없겠지만, 성경에 나오는 정체성과 관련된 명확한 구절이나 서술 내용을 가지고 우리의 자기 인식에 관해 생각해본다면 어떨까한다. 이렇게 해본 후에는 "성경적" 정체성이라는 렌즈를 통해 우리의 정체성과 충성심을 바라보는 방법을 고찰하며 마무리할 것이다. 여기서 다룰 구절들은 다른 많은 책에서 다뤄왔던 것이고, 특정 전통에서는 그중 어떤 구절을 특별히 더 강조하기도 한다. 하지만 여기서 우리의 목적은 각 구절을 들여다보며 구체적으로 정체성 문제에 답해주고 충성심에 관해 시사해주는 측면들에 관해 고찰하는 것이다.

"하나님의 형상"

이 어구는 우리를 성경 이야기의 시작이자 인간의 창조 때로 데려간다. 창세기의 "하나님의 형상"이라는 용어에서 가장 중요한 측면 하나는 모든 인간이 거룩한 형상을 지닌다는 점이다. 이는 고대 근동 지역에서 일반적으로 왕이나 남성만이 신성을 반영한다고 여긴 것과 현저한 대조를 이룬다. 창세기 1:27은 남자와 여자 모두 창조주의 형상에 따라 창조되었다고 직접 서술하고 있으며 이 "고귀한 존엄성"royal dignity은 창세기 9:6이나 시편 8편에서도 재확인된다. 인간이 하나님의 형상을 지녔다는 성경적 관점은 하나님의 창조 질서에서 독특한 정점에 있는 존재, 서로의 동등한 지위가 상호 존중의 근거가 되는 존재라는 우리의 정체성을 확고히 한다. 이는 창세기 9:6에서 살인을 금한 것이나 시편 8편의 놀라운 시적 언어에도 내포된 바다. 각 사람에게 합당한 존중이 무엇인지 생각할 때, 모두가 공유하는 인간됨을 "반드시" 고려해야 한다. 인간이 하나님의 형상을 지녔다는 관점에서 다음으로 중요한 요소는 그가 하나님의 창조세계를 맡아 관리하라는 과업을 받은 종이자 통치자라는 사실이다.[2] 인간에게 주어진 첫 대위임령은 인간이 세상을 번영하게끔 하는 삶을 지향할 때 그의 정체성이 가장 제대로 작동할 수 있음을 시사한다. 인간이 된다는 것은 타인을 존중하고 세상을 경작함으로써 창조주를 공경하여 하나님께 충성하는 것이다. 인간이 하나님의 형상을 지녔다는 말은 우리가 지리적으로 속한 지역에 더 충성해야 한다거나 덜 충성해야 함을 뜻하지도 않고, 공공 정책에 관하여 구체적인 방향성을 제시하는 명백한 원칙을 알려주지도 않는다. 그러나 그것은 하나님께 대한 충성이 지역적 정체성을 넘어 모든 인간에 대한 헌신으로 확장되어야 하는 것일 수 있음을 말해준다.

"아브라함의 자녀"

성경 이야기를 더 읽다 보면 이런 말이 나오는데, 이것을 자신의 첫 번째 명칭으로 내세우는 그리스도인은 별로 없다. 성경은 하나님이 왜 아브람[Abram]을 부르셨는지 설명하지 않는다. 창세기 12장은 하나님이 아브람을 그의 일족으로부터 불러내셨다는 이야기로 시작된다. 그 후 하나님은 아직 어딘지 밝히지 않은 곳으로 출발하라고 명하시고, 아브람에게 엄청난 약속을 하신다. 그가 큰 민족의 조상이 되고 하늘의 복을 받게 되며 궁극적으로는 그의 유업으로 전 지구가 복을 받게 된다는 것이었다. 아브람은 후에 아브라함 Abraham 으로 이름이 바뀌었고 선택받은 백성인 이스라엘 민족의 족장이 되었다.

여기서 한 가지 흥미로운 점은 오늘날 대다수 그리스도인이 이스라엘 민족이 아니라 이방인 출신이라는 것이다. 물론 사도행전 10-15장에서 사도들이 이방인을 받아들이는 것에 대한 거부감을 극복하는 모습도 볼 수 있지만, 이방인 그리스도인이 아브라함의 상속자라는 것의 더욱 분명한 의미는 갈라디아서 3:6-29 등에 나오는 바울의 말을 통해 분명히 절감하게 된다. 바울은 그리스도를 믿는 이들 모두가 아브라함의 자녀이자 그의 상속자이며, 이는 모든 민족에게 복 주시겠다고 했던 하나님의 언약이 성취된 것임을 강력히 주장한다. "아브라함의 자녀"라는 표현은 우리의 정체성에 두 가지 측면이 있음을 나타낸다. 하나는 하나님의 약속을 받아 세상에 구원의 축복을 전해야 할 선택된 백성이라는 측면이고, 다른 하나는 언약 성취의 결과로서 다른 모든 민족에 속한 자녀들과 공유하는 공동 정체성의 측면이다. 아브라함의 자녀가 세계 곳곳에 존재한다면 "우리"가 누구인지는 어디서부터 고민해 봐야 할까? 특히나 아브라함 언약의 상속자인 우리 모두가 종국에 가서는 새 하늘과 새 땅에서 하나님과 함께 사는 것으로까지 이어지는 궁극적 공통성을 공유하고 있다면 말이다.

"언약의 백성"

이 명칭은 아브라함의 유업과 관련이 있다. 이미 창세기 2장에서 하나님과의 언약이 이루어졌다고도 볼 수 있지만, 여기서 말하는 언약은 이스라엘과 하나님 사이의 특수 언약이다. 흔히 그리스도인 가정에서 벽에 걸어놓는 여호수아 24장의 언약은 바로 그 언약을 갱신한 것이다.

> 너희가 섬길 자를 오늘 택하라.…나와 내 집은 여호와를 섬기겠노라(15절).

우리 하나님 여호와를 우리가 섬기고 그의 목소리를 우
리가 청종하리이다(24절).

하나님께 충성하겠다는 이 서약은 하나님과 맺은 언
약을 존중하겠다는 이스라엘의 의도를 보여준다. 이는
언약에 충실했을 때의 축복과 불충했을 때의 대가 모
두에 동의한 것이었다. 하나님의 언약 백성이 되기로
동의한 것은 하나님과 일종의 결혼 서약을 한 것과 같
았다. 끝까지 서로에게 충성하고 서로를 신뢰하기로
약속한 것이다. 물론 구약의 이야기는 롤러코스터 못
지않은 기복을 보여주며 정점과 저점을 오가다가, 결
국 이스라엘의 불순종에 따른 포로 생활로 귀결되고
만다. 그러나 예언서에 나오듯이 하나님은 앞으로 닥
칠 포로 생활에 관해 여러 경고를 하면서도 자신은 언
약에 계속 충실할 것이라고 약속하신다.

　　그리스도인이 그리스도 안에서 열매 맺은 아브라
함의 유업의 일부로서 자신이 하나님의 언약 백성이
되었다고 여긴다면, 이 언약적 관계는 정체성을 규정
할 뿐 아니라 우리의 궁극적 충성을 요구한다. 우리가
율법의 시대가 아닌 은총의 시대에 살고 있기는 하지

만 언약적 차원은 우리가 참으로 하나님께 속했고 그분과 연합한 존재임을 드러낸다. 언약 관계로 들어가는 데는 은혜를 받아들이는 것이 중심이 된다. 그러나 공로가 아닌 은혜에 의한 구원이라는 진리도 우리의 정체성이 언약 관계에 의해 형성된다는 주장을 약화시키지는 않는다. 이 주장을 의미 있게 여긴다면 "언약의 백성"과 같은 명칭이 우리 의무와 충성의 대상을 판단하고 우선순위를 결정하는 방식에 어떻게 작용해야 하는지를 계속해서 고민해야 한다.

"예수를 따르는 자"

우리를 신약성경으로 인도하는 이 명칭은 여기에 나오는 명칭 중 가장 다루기 까다로운 것일지도 모르겠다. "그리스도인"이라는 말과 연결된 부정적인 이미지와는 거리를 두면서도 예수님과의 관계를 인정하고 싶어 하는 많은 사람이, 이 명칭을 다양하게 변형해서 사용하고 있다. 나쁜 평판 자체가 정당하든 억울한 일이든 간에 현재 "그리스도인"이라는 명칭은 "예수를 따르는 자"라는 명칭보다 많은 골칫거리를 수반하는 것 같다. 그리스도인보다는 예수님이 인기가 있다. 그러나 이 명칭을 다루기 까다로운 이유는 다음과 같은 근본적인 질문에서 비롯된다. 사람들은 "어떤" 예수님을 따르려 하는 것인가? 아무런 요구도 하지 않는 사랑에 관해 이야기하는, 파리 한 마리 못 죽일 듯한 평화주의자 예수님인가? 위대한 도덕적 진리를 가르치는 예수님인가? 권력과 강압에 취해버린 세계에 비폭력적 저항을 실천한 정치 지도자 예수님인가? 한 인간으로서 영감을 주기는 했지만 세계의 구원자는 아닌 그런 예수님인가? 이런 식으로 계속 이야기할 수도 있을 것이다.

이 명칭을 본뜻대로 이해하려면 예수님에 대한 성경의 계시를 소비자의 입장에서 입맛에 맞는 것만 받아들이겠다는 식으로 접근해서는 안 된다. "예수를 따르는 자"라는 명칭의 가장 중요한 기원은, 때로는 초청으로(막 1:17), 때로는 명령으로(막 2:14; 요 21:22) 주어진 예수님의 바로 이 말씀이다. "나를 따르라." 베드로전서 2:21과 같은 본문에서는 그리스도의 사역 중 특정 사건을 가져와서(이 경우에는 그의 고난이다) 특정한 환경에서 그리스도를 따를 때의 모범으로 제시한다. 예수님을 따른다는 것의 의미를 염두에 두고 복음서 이야기를 따라갈 때 명확해지는 것은, 예수님을 따르기로 선택한 이들이 그분을 단지 독특하고 탁월한 선생님으로만 경험한 것이 아니라 궁극적 충성을 요구하는 분으로 경험했다는 사실이다. 이 충성은 그의 가르침을 머리로 인정하는 것을 넘어 죽음도 불사할 만큼 헌신적인 삶을 사는 것(막 8:34-9:1)을 의미했다. 나는 지금 그리스도께 대한 충성의 대가로 죽을 가능성은 별로 없는 나라에서 이 글을 쓰고 있지만, 이곳에서도 예수님을 따르는 데는 대가가 따르며 이곳에 산다고 해서 헌신에 대한 요구가 약해지는 것도 아니다. "예수를 따르는 자"라는 명칭을 진지하게 본래의 강렬한 의미대로 받아들이면 충성의 문제를 판단하기가 처음 생각한 만큼 까다롭지는 않다. 예수를 따르는 자는 어떤 상황에서도 메시아께 대한 충성이 먼저인 사람이다.

"이방인과 순례자"

베드로전서 1:1과 2:11에는 그리스도인의 정체성 중에서도 "다름"을 부각하는 표현이 나온다. 영어 성경에서는 1:1에 나오는 그 표현을 번역본에 따라 "타지인"strangers, "이방인"aliens, "추방된 자"exiles 등으로 쓴다. 이는 예루살렘에서 멀리 떨어진 도시에서 박해를 당하며 외부인으로 살던 유대인 혹은 이방인 그리스도인들의 상태를 드러낸다. 2:11의 "순례자"pilgrims 혹은 "거류민"sojourners이라는 명칭은 1:1에서 나타난 이방인으로서의 정체성을 확장하여 구원의 완성에 이르기까지 지속해야 할 그리스도인의 여정을 강조하는 의미까지 포괄한다. 이런 유형의 정체성은 "이 세상은 내 집이 아니고, 이곳은 그저 지나가는 곳일 뿐"과 같은 말의 가장 주요한 출처로서, "다름"의 언어가 그리스도인으로서의 자기 인식에 어떤 요인으로 작용하는지를 생각하게 한다. 우리가 타지인, 이방인, 추방된 자라는 것은 하나님께 속한 자로서의 정체성이 현재 사는 곳에서 어느 정도의 긴장 상태를 수반한다는 것을 의미한다. 이런 명칭이 베드로전서와 유사한 상황일 때만 유효한 것 아니냐는 물음도 타당하다. 그러나 신약성경 전체에 걸쳐 등장하는 "다름"을 나타내는 풍성한 용어들을 보면 그리스도인으로 사는 것이란 언뜻 적대적이지 않아 보이는 상황에서도 일종의 "타자"가 되는 것임을 강하게 시사한다. 여기서 한 가지 중요한 질문이 제기되는데, 이 "다름"의 정체성이 사회 참여가 가능한 상황에서도 참여를 멀리해야 할 이유인가 하는

것이다. 나는 1장에서 주장한 것처럼 그렇지 않다고 믿
는다. 그렇다고는 해도, 그리스도인의 이질성을 시사하
는 모든 명칭은 하나님과 그의 나라가 아닌 것에 대한
충성에 항상 주의가 필요함을 말해준다.

"교회"

결국 지금까지 내가 쓴 모든 것이 교회가 된다는 것의
의미를 정의한 것에 지나지 않는다고 볼 수도 있다. 그
러나 현재 논의하고 있는 맥락에서, 이 명칭에는 특별
히 강조할 만한 면이 하나 있다. 예전에 나는 신약성경
에서 "교회"라는 단어의 모든 용례를 조사해본 적이 있
는데, 그때 이 용어가 쓰인 가장 지배적인 의미가 오늘
날 우리가 생각하는 "공동체"나 "모임"과 같은 사람들
의 모임이었다는 사실을 발견했다. 단어 연구만으로는
"교회"의 온전한 의미를 분석하기에 불충분하지만, 그
개념을 엿볼 수 있는 중요한 창인 것은 분명하다. 교회
가 된다는 것은 하나님 안에서 연합한 이들의 모임의
일원이 되는 것이며 이 공동체의 정체성은 거기 속한
이들을 모으고 목적을 부여하신 분에게서 나온다.

　　나를 재세례파라고 비판할 사람은 전혀 없겠지만,

교회가 다른 공동체와 구별되는 특별한 헌신과 실천의 본을 보이는 대안적 "공동 실체"corporate entity로 존재한다는 인식에는 일리가 있다고 본다. 그리스도인마다 교회를 교회답게 하는 헌신과 실천이 무엇인지는 다르게 생각할 수 있지만, 베드로전서 2:9에 대한 킹제임스 번역본의 표현처럼 교회가 "독특한"peculiar 백성이 되어야 한다는 데는 의문의 여지가 없다. 그렇다면 이런 독특성을 드러내고자 할 때 구체적으로 어떤 종류의 공적인 행동이 "교회"의 모습을 세상에 나타내줄까?

"시민"

에베소서 2:19과 빌립보서 3:20은 그리스도인의 정체성에서 중요한 두 측면을 강조하기 위해 시민권citizen-ship과 연관된 표현을 사용한다. 에베소서에서 바울은 이방인 출신 그리스도인인 독자들을 향해 이제 그들도 하나님의 백성이라고 말하는데, 이때 "시민"이라는 말을 통해 새로운 백성 됨에 따르는 모든 권리와 특권에 관한 진리를 전한다. 이방인 그리스도인에게는 특권이 제한된다는 식의 특수 조항이나 숨은 조항을 담은 비밀 문건 따위는 존재하지 않는다. 그들도 모든 특권을 그대로 누리게 되었고 바울도 "하나님의 권속"of the household of God이라는 표현으로 이 부분을 분명히 한다. 빌립보서에서 바울은 그리스도인의 소속과 정체성을 표현하는 말로서 "우리의 시민권은 하늘에 있다"라고 하며 독자들에게 거룩한 모범을 따르라고 권면한다. 빌립보인들은 아마 로마의 시민권을 자랑스러워했겠지만 시민권에 대한 바울의 표현은 그와 강한 대비를 이루며 하나님과 그분의 백성에 대한 궁극적 충성을 요청한다. "가이사가 아닌 예수님이 주인이시다"와 같은 구호는 이러한 충성과 진정한 왕을 드러내는 삶에 대한 요구 뒤에 숨은 전제다. "그리스도인"은 하나님 나라의 "시민"과 같은 말이다.

이 정도로 그리스도인의 정체성을 온전히 밝힌 것은 아니지만 지금까지 다룬 일곱 가지 용어만 봐도 인간됨과 하나님께 속한다는 것의 의미가 "당신은 누구입니까?"라거나 "누구에게 충성합니까?"라는 질문에 대해 우리가 흔히 할 법한 대답을 훨씬 뛰어넘는 정체성과 충성심을 내포함을 알 수 있다. "하나님 우선"과 같은 말이 앵무새처럼 되뇌는 말이 아니라 무겁게 여기고 하는 말이라면, 그리스도를 통해 하나님과 연합한 거룩한 형상을 띤 존재로서 누리는 특권에는 의무가 따른다는 점을 깊이 생각해야 한다.

우리의 위치

하나님께 속했다는 사실로 인해 부인할 수 없는 또 다른 사실을 무시해도 된다고 생각한다면 이는 지나치게 단순하거나 잘못된 판단일 것이다. 우리 모두 어디에선가 거주하고 있다는 사실을 무시할 수 없다. 하나님 나라에 충성한다는 미명 하에 영적 도피주의에 빠진다면 위에서 언급한 정체성과 충성심의 문제와 진지하게 씨름할 수 없다. 우리는 모두 현재 지구 어딘가에 있는 어느 나라 어느 지역의 한 도시에 주소를 두고 살아간다. 기술이 크게 발전하여 "가상현실"이라는 용어가 일반적인 것이 됐지만 우리는 여전히 땅을 기반으로 연결되어 있다. 내 운전면허증은 특정한 주에서 발급된 것이고 나는 우리나라의 우리 주에서 열리는 투표에 참여한다. 국경일이 다가오면 많은 사람이 성조기를 흔들며 행진한다. 이때 군대가 등장한다면 당연히 미국 군대에 복무하는 군인을 기대한다. 이는 무시할 수 없는 현실이다. 이처럼 우리는 도시와 국가에 속한 시민인데, 우리의 일상적 행위를 보면 이것을 너무 대수롭지 않게 여기곤 한다.[3]

하나님이 최우선이 되어야 한다고 하여 우리가 시민으로 있는 나라에 반역해야 한다는 뜻은 아니다. 이 문제에 지침을 주는 성경 말씀 중에서 충성의 문제를 균형 있게 보도록 돕는 두 가지 형태의 명령에 주목해 보자. 첫 번째 형태는 먼저 예레미야 29:7에 나온다. 이 말씀은 바빌로니아 왕 느부갓네살에게 정복당해 포로로 끌려간 모든 유대 사람에게 예언자 예레미야가 예루살렘에서 보낸 편지의 일부다. 비록 하나님과의 언약을 크게 저버린 벌로 포로가 되어버린 백성이지만, 하나님은 여전히 그들을 위로하고 방향을 제시해주셨다. 이때 7절에 나온 지시 사항은 매우 놀랍다. 포로들에게 정착할 것을 명하신 하나님은 그들에게 이렇게 지시하셨다. "너희는 내가 사로잡혀 가게 한 그 성읍의 평안을 구하고, 그를 위하여 여호와께 기도하라. 이는 그 성읍이 평안함으로 너희도 평안할 것임이라." 바빌로니아가 무너지고 다시 예루살렘으로 돌아가게 해달라는 기도를 지시하셨어야 할 것 같은데, 하나님은 오히려 포로로 끌려간 그 땅의 번영을 위해 기도하라고 하셨다.

이것은 오늘날의 그리스도인에게 어떤 의미일까? 물론 바빌로니아 포로 생활은 오늘날 많은 이가 경험하는 것과는 상당히 다른 상황이지만, 현재 살고 있는 땅의 번영을 위해 기도하라는 명령은 여전히 중요하다. 이 명령은 우리와 다른 나라에 사는 그리스도인들, 특히 신앙에 적대적이거나 무관심한 곳에서 사는 이들의 입장을 어떻게 생각해야 할지 고민하게 한다. 나는 미국에 사는 그리스도인으로서, 국내 복음주의 그리스도인들이 타국에 사는 그리스도인의 경향성과 관점에 대해 어떻게 생각하는지가 궁금하다. 그들은 어떤 관점을 가져야 마땅한가? 조국을 축복하기를 기대해야 할까? 우리는 그들 개개인의 삶에 복음이 전해지기를 바라는 것 외에, 국경 너머에 관해 생각을 하고는 있는가? 첫 번째 형태의 명령은 우리가 어디에 있든 국가들이 번성하도록 기도해야 함을 시사한다. 국가의 번영이 그 땅에 사는 이들에게 유익하기 때문이다.

디모데전서 2:1-2에서도 비슷한 것을 강조한다.

여기서는 바울이 명령이라기보다 간청을 하고 있기는 하지만 말이다. 바울은 디모데에게 모든 사람을 위해 기도하되 특히 지도자들을 위해 기도할 것을 교인들에게 가르치라고 지시한다. 이 기도도 결국은 그리스도인으로서 핍박 없이 신실하게 살아갈 수 있도록 평안을 비는 기도다. 주목할 것은 선한 정부 관료나 지지할 만한 정책을 펼치는 이들만을 위해 기도하라고 한 것이 아니라는 점이다. 세계 곳곳에서 정치 담론은 상대 진영에 대한 비판을 토대로 세를 얻는데, 정치의 이런 전쟁 같은 측면이 국가나 지역의 공익에 반하여 작용할 때도 많다. 디모데전서 본문과 예레미야 29:7의 중요한 의미는 말하자면 이런 것이다. 그리스도인이라면 직관적으로 납득이 안 되는 경우라도 지도자와 국가가 잘 되도록 기도하는 독특한 모습을 보여야 한다는 것이다. 우리는 북한이나 이란이나 부패로 유명한 다른 나라의 지도자들을 위해 기도하고 있는가?

두 번째 형태의 명령은 로마서 13:1-7과 베드로전서 2:12-14에 나온다. 두 본문의 핵심 명령은, 하나님이 악을 벌하고 선을 세우라고 보내주신 존재가 지도자라는 점에 비추어, 그리스도인은 정부의 권위에 따라 모범적인 삶을 사는 선한 시민이 되어야 한다는 것이다. 바울이나 베드로는 하나님을 경외하는 지도자가 다스리는 지역에 편지를 보낸 것이 아니었다. 그런데도 법을 지키고 정직한 시민이 되라고 가르쳤다. 이 부분의 가장 중요한 함의 중 하나는 도시, 주, 국가에 속한 시민으로서의 정체성을 진지하게 받아들여야 한다는 것이다. 그리스도인은 세속 국가나 정치인보다 하나님께 충성해야 하지만, 선한 시민이 되는 것 또한 그리스도인에게 합당한 일이다.

이 글을 쓰는 내 귓가에 이런 질문이 들리는 듯하다. "정부의 억압에 맞설 수밖에 없는 위기 상황에서는 그리스도인도 혁명을 해야 하지 않나요?" 여기에 관해 두 가지 생각이 든다. 우선 일부 민주 사회들처럼 정부가 하는 일에 다양한 방식으로 참여할 수 있는 국가의 경우, 사회 변혁에 참여하고 그러한 흐름을 지지하는 가장 쉬운 방법은 체제에 직접 개입하는 것이다. 그것이 투표처럼 단순한 방법이든, 공직에 진출하는 것처럼 복잡한 방법이든 말이다. 두 번째로 그런 참여가 어렵거나 명백히 불가능한 곳에서는 기독교 공동체가 폭력적 수단에 의존하지 않으면서도 삶에 대한 혁명적 접근의 본을 보여줄 수 있다. 이런 일에서는 상황이 대단히 크게 작용하겠지만, 최소한 혁명에 나서기 이전에 선한 시민이 되는 일에서부터 시작해야 한다.

여기까지를 토대로, 우리는 어떤 관점을 가져야 할까? 인간으로서 우리의 정체성에 관한 성경적·신학적 관점은 이 땅을 살아가는 데 어떤 지침을 주는가? 나는 여기에 대해 처방을 내리기보다 의도를 표명하는 정도로 마무리하려 한다. 그리스도인은 하나님께 속해 있는 동시에 세계의 다양한 정부 체제 아래 있는 여러 장소에서 살고 있다. 우리가 체스터턴 G. K. Chesterton의 표현대로 "교회의 영혼" the soul of a church이 있는 미국에 살고 있다고 해도, 국가에 대한 충성을 삼위일체 하나님께 대한 최우선적 충성과 혼동해서는 안 된다. 그분과 우리는 언약을 맺었다. 설사 미국 예외주의 American exceptionalism 사상에 부분적인 진실이 있다고 해도, 하나님 나라를 이 땅에 실현하는 것이나 하나님께 대한 충성이 다른 그리스도인들을 폄하하게 하는 애국주의와 동일한 것일 수 없음을 깨닫는 것이 더 중요하다.[4] 우리가 살고 있는 도시나 국가가 신앙을 지지해주든 신앙에 적대적이든, 우리는 첫째로 천국 시민으로서 모든 국가의 유익에 헌신된 이들이라는 점을 끊임없이 자각하고 살아야 한다. 그 헌신이 공의를 이루어달라는 기도로 제한되어 있든, 더 나은 사회의 건설을 위한 적극적이고 끈기 있는 참여로 나타나고 있든 마찬가지다. 우리가 경계 안의 삶에 마음을 써야 하는 것은 당연하지만, 하나님의 형상을 지닌 다른 이들과 세계를 공유하고 있다는 것도 깨달아야 한다.

제3장

태도: 공적 거룩함의 추구

내가 뱀파이어 영화 마니아는 아니지만 1994년에 영화화된 "뱀파이어와의 인터뷰"Interview with the Vampire: The Vampire Chronicles는 재밌게 봤다. 당시 앤 라이스Anne Rice는 원작 소설 시리즈의 저자로 유명해졌고 팬도 많아졌다. 라이스는 가톨릭 신자로 자라긴 했으나 청소년기에 무신론자가 되었기에 종교에 호의적인 작품을 쓸 사람으로는 생각되지 않았다. 그래서 1998년에 그가 가톨릭으로 공개 복귀하고 결국 예수의 삶을 소설화한 (불경하지 않은) 작품 두 편을 썼을 때는 많은 이들이 놀랐다. 그러다가 2010년 라이스는 다시 한 번 놀라운 반전을 안겼다. 페이스북에 이런 글을 올린 것이다. "관심 없는 분도 있겠지만 관심 있는 분들께 알립니다. 오늘 저는 그리스도인이기를 포기합니다. 그만두겠습니다. 그리스도께는 계속 헌신하겠지만 이제 '그리스도인'도 아니고 기독교의 일원도 아닙니다. 이렇게 싸우기 좋아하고 적대적이고 논쟁적인 데다 악명 높은 것이 당연한 집단에 속해 있을 수는 없습니다. 십 년이나 노력했지만 실패했습니다. 이제 저는 외부인이 될 것입니다. 제 양심에 따르려면 이 길뿐입니다." 그 뒤에 이루어진 복음주의 기독교 잡지 「크리스채너티 투데이」*Christianity Today*와의 인터뷰에서 라이스는 이렇게 말했다.

제가 제도적 종교와 "그리스도인"이라는 이름과 "기독교"라는 이름에서 빠져나왔음을 저의 독자들에게 알리고 싶었습니다. 제도적 종교가 예수의 이름으로 저지르는 일들이 저와 무관함을 밝히고 싶었거든요. 미국에서 그리스도인은 사랑하는 법을 아는 사람들로서의 신뢰를 잃었습니다. 대신 혐오나 핍박을 연상시키고 정교분리 원칙을

폐기하려 하며 특정 정당에 투표하라고 사람들을 압박하기도 합니다. 저는 더 이상 어떤 방식으로도 이런 일에 연루된 사람이 아니라고 못 박은 겁니다. 제 페이스북 페이지를 보지 않는 사람들의 관심까지 끌 생각은 없었어요. 그냥 저의 독자들에게 알리려고 올린 글입니다.[1]

라이스가 탈퇴 선언을 한 것은 예수님 때문이 아니라 "그리스도인"이나 "기독교"라는 이름이 연상시키는 것들이 천박하고 혐오스럽다고 느꼈기 때문이다. 라이스만 그런 것은 아니었다.

2012년 봄, 제자 하나가 나에게 레이첼 헬드 에반스Rachel Held Evans가 쓴 블로그 글의 링크를 보내줬다. 제목은 "문화 전쟁에서는 이기고 이 세대는 잃는 방법"How to Win a Culture War and Lose a Generation이었다. 글의 기폭제가 된 것은 노스캐롤라이나주 헌법 개정안(주가 동성 결혼·시민 결합을 인정하거나 시행하는 것을 금지함)에 대한 주민 투표였다. 그러나 동성 결혼 문제는 더 큰 문제에 대한 상징이자 발화점 같은 것이었다. 에반스는 라이스와 비슷한 말로 자신과 독자들이 느끼는 감정을 표현했다.

우리는 이제 싸우기에 지쳤다. 정치와 권력을 통해 하나님 나라를 확장하려는 헛된 노력에 지쳤다. 사회에 분명한 선을 긋기에도 지쳤고, 우리가 누구인지보다 무엇을 반대하는지로 알려지는 현실에도 지쳤다.…

문화 전쟁을 이끄는 복음주의자들에게 묻고 싶다. 정말 그만한 가치가 있는 일인가?

교회에 냉소하며 멀어지는 수많은 청년을 잃어도 될 만큼 정치적 "승리"가 가치 있는가?

LGBT라는 이들을 더 소외시켜도 될 만큼 정치적 "승리"가 가치 있는가?

복음주의 그리스도인은 곧 동성애자들과 싸우는 사람이라는 생각을 고착시켜도 될 만큼 정치적 "승리"가 가치 있는가?

"우리가 틀렸으면 어쩌지?"라는 조용하지만 끊임없는 내부적 목소리를 무시해도 될 만큼 정치적 "승리"가 의미 있는가?

수많은 기독교 지도자들이 "그렇다"고 생각하는데, 그로 인해 잃는 것이 너무나도 많다.[2]

에반스가 말한 "세대"는 주로 밀레니엄 세대인 젊은 그리스도인을 가리킨다. 물론 35세 이상의 그리스도인들도 비슷한 절망감을 호소해왔지만 말이다. 에반스도 라이스처럼 그리스도인들의 공적 선언과 행위가 그리스도를 닮기보다는 적대적이고 사랑이 없는 모습이라고 우려를 표했다. "사랑은 어디 있는가?"라는 질문은 해결되지 않은 상태인 것 같다.

해당 블로그 글에서 에반스는 데이비드 키네먼Da-vid Kinnaman과 게이브 라이언스Gabe Lyons가 쓴 『나쁜 그리스도인: 현대 기독교 이미지 평가보고서』unChris-tian: What a New Generation Really Thinks about Christianity...and Why It Matters, 2007를 언급한다. 이 책이 나온 지 최소 7년이 지났지만 기독교에 대한 대중의 이미지는 그대로다. 이 책은 기독교 밖에 있는 이들에게 그리스도인에 대한 인식을 묻는 방식으로 문제에 접근했는데, 반동성애(91%), 남을 재단하는(87%), 위선적인(85%), 지나치게 정치에 몰입하는(75%), 타인에게 무관심한(70%) 등 이제 와서는 익숙한 비호감 이미지가 나타났다.[3] 물론 긍정적인 이미지도 있었지만 부정적인 인식이 문제였다. 거기에는 근본적으로 그리스도인이 자기들에게 안

전한 사회만을 추구하고 의견이 다른 이에게는 가혹한 "혐오자"라는 인식이 담겨 있었다.

2010년에 제작된 댄 머천트Dan Merchant의 다큐멘터리 "주님의 추종자로부터 우리를 구하옵소서"Lord, Save Us from Your Followers도 이런 이미지 문제를 파고든다. 여기서는 대다수가 하나님을 믿는다는 나라에서 어떻게 사랑의 복음이 분열의 원천이 될 수 있는 것인지, 그 이유를 진지하게 묻는다. 머천트는 미국 전역을 다니며 유명인을 포함하여 다양한 신념을 지닌 사람들과 인터뷰를 진행한 결과, 신앙에 대한 공적 토론이 굳이 논쟁이 될 이유가 없음을 발견했다. 우리 학교에서도 그를 초청하여 상영회를 했는데 질의 시간에 이런 질문이 나왔다. "원래 복음이란 불편을 주는 것 아닌가요?" 감독은 복음이 원래 불편할 수 있다는 점에는 동의했지만, 그리스도인들이 인간으로서 너무 많은 불편함을 준 나머지 복음과의 만남 자체가 일어나지 않는 것이 문제라고 지적했다. 익숙한 이야기다.

앤 라이스, 레이첼 헬드 에반스, 데이브 키네먼, 게이브 라이언스, 댄 머천트는 그리스도인의 공적 이미지와 공적 행위에 우려를 표현하는 사람 중 극히 일부에 불과하다. 나는 기독교 대학의 교수로서 이런 고민을 하는 학생을 자주 만난다. 아까 말한 제자에게 에반스의 글을 받은 후, 그에게 어떤 좌절감을 느끼고 있는지 설명해달라고 했다. 다음은 제자의 답변의 일부다.

가장 큰 것은 지나치게 전투적이고 이해하기 힘든 복음주의자들의 정치적 태도인 것 같아요.…대다수가 우리 신앙의 복합성과 깊이를 반영하는 실질적인 정치 이념을 가지고 있지 못하다는 게 너무 실망스럽습니다. 우리의 정치적 주장이 이토록 단순하니 우리에겐 그저 "반동성애" 밖에 없다는 식으로 해석되는 것이겠죠.…이런 사회 문제들의 중요성을 무시하는 것이 아니라 왜 다른 문제에 대해서는 그런 열정을 보이지 않는지를 묻고 싶은 겁니다.

제가 속했던 기독교 단체는 보통, 교인의 다수를 차지하고 있는 교양이 부족하고 나이 많은 백인들의 입맛에 맞는 과거의 전통을 고수하려는 경향이 강했어요. 다원적 세상에서 살아가는 그리스도인에게 도움이 될 만한 모든 형태의 능력은 대부분 무시되며, 개인의 성장과 신앙인으로서의 성화에 필요 없는 것으로 여겨지고 있습니다. 대신 그리스도인들은 반동성애 법 제정을 위해 로비를 벌이고 보수적인 기독교 대학을 세우고 자녀를 홈스쿨링으로 키우고 어마어마한 대형 교회를 세우며, 놀라운 복잡성으로 가득한 문화가 시시각각으로 변화하는 도심으로부터 조금이라도 멀리 벗어나느라 여념이 없습니다. 복음주의자들은 이제 그들만의 안정된 요새를 구축하고 기독교의 유산을 잃어버린(이 유산도 미국사에서 논쟁이 되는 부분이지만) 왜곡되고 천박한 사회를 위에서 내려다보려는 것만 같습니다.

이 학생은 여러 가지 우려를 표명했지만 그와 다른 많은 이들의 공통된 맥락은 (특히 보수적이고 정치 참여적인 표현을 통해 나타나는) 기독교의 공적인 얼굴에서 비롯된 오랜 좌절감이었다. 그 얼굴은 공격적이고 적대적이며 남을 판단하는 태도로 타인의 신념을 교정하는 일에 매우 적극적인 모습이다. 나는 학생들과 대화하면서 그들이 이런 문제로 힘들어하는 것을 직접 경험했다. 타인을 배려하면서도 진리를 말하는 문제에 대한 혼란도 존재했다.

여기서 CCM 가수 데릭 웹 Derek Webb 이 출연한 소규모 행사에 참여했던 일이 떠오른다. 당시 그는 「스톡홀름 신드롬」*Stockholm Syndrome*이라는 음반을 막 발표한 참이었는데, 수록곡 중 "무엇이 더 중요한가"What Matters More라는 곡 때문에 일부에게 논란이 된 상황이었다. 이 노래는 욕설을 포함했고 "하루에 5만 명이 죽어가는" 상황에서 동성애 문제에만 열을 올리고 있는 사람들의 모습을 지적했다. 여러 사람과 대담하는 자리에서 웹은 "무엇이 더 중요한가"를 쓴 이유가 그리스도인들에게 엄청난 학대를 받은 동성애자들을 많이 알기 때문이라고 했다. 이 노래는 동성애 문제만을 딱 집어서 집중 비난하는 행위가 세계적 기근처럼 더 큰 문제를 놓치는 근시안적 시각으로 이어진 것은 아닌지 묻고 있다. 많은 이들이 이런 질문을 다른 방식으로 제기하고 있다. 적어도 2002년 이후에 나온 보고들에 따르면 그리스도인들은 성경적 진리에 근거를 둘 뿐 아니라 동성애나 낙태 문제 외의 것들도 포함하는 공적 관심에 뿌리를 둔 통전적 신앙을 원하고 있다. 그러나 아직도 혼란은 곳곳에 남아 있다. 진리를 추구하면서도 이웃을 배려하는 태도는 도대체 어떤 모습일까?

라이스, 에반스, 키네먼과 라이언스, 웹(그 외의 수

많은 밀레니엄 세대)의 경우 동성애자 개개인을 대하는 태도의 문제를 제기하기도 했고 그들을 옹호하는 데 관심을 둔 사람도 있었다. 그러나 그리스도인의 공적 태도에 대한 우려가 이 한 가지 사회 문제에 국한되었다거나, 궁극적으로 이 문제 자체에 초점을 둔 것으로 여긴다면 큰 오산이다. "문화전쟁"culture wars에 대한 불편함은 그러한 우려가 표현된 하나의 방식에 불과하다. 궁극적이고 중요한 질문은 어떻게 하면 타인을 배려하면서도 사회 문제를 진지하게 다룸으로써 그리스도를 닮은 공적 삶을 보여줄 것인가다.

의외로 중요한 것

앞에서 말한 부정적인 공적 이미지가 틀렸다는 반박도 분명 가능하겠지만, 많은 사람이 기독교를 부정적으로 보고 있는 것은 여전히 사실이다. 이미지 문제에 대한 비판적 시각도 명확히 표현할 필요는 있다. 그러나 여기서는 좀 다른 길을 택해 공적 책임을 진지하게 받아들이는 그리스도인이 고민해봐야 할 중요한 질문을 제기하고자 한다. 신앙의 공적 차원에까지 확장되고 스며드는 방식으로 거룩함holiness을 추구한다는 것은 어떤 의미인가? 거룩함을 진지하게 받아들임으로써 나타나는 공적 태도는 어떤 것인가? 우리는 거룩함을 주로 내적이고 개인적인 경건의 차원에서 생각한다(그리고 그래야 한다). 그러나 거룩함에 대한 추구와 표현이 정치와 같은 공적 영역에 대한 참여와 상반되는 것은 결코 아니다.

내 신앙의 여정에서 여러 해 동안은, 거룩함 하면 특정한 복장이 떠올랐다(바지나 화장을 금하는 여성, 치장하지 않은 남성). 내가 "거룩한 유형"으로 여겼던 사람들은 폭이 좁고 제한이 많은 신앙을 가진 이들로서, 문화를 긍정하는 신앙은 이들에게 설 자리가 없었다. 거룩한 사람들은 마치 외국에서 온 듯했다. 거룩함의 추구는 주로 하지 말아야 할 것을 안 하는 것으로 규정됐다. 당연하게도 내가 그리스도인의 공적 참여를 경험하게 되었을 때(그것이 정치적 참여든 다른 종류의 참여든) 공적 의제에 관한 대화에 거룩함이 주제로 등장하는 일은 거의 없었다. 윤리 문제가 쟁점인 공적 정책을 논의할 때조차도 그랬다.

이제 나는 많은 것을 다르게 보고 있다. "거룩함"이나 "성화"sanctification를 피해야 할 행동 규정과 연결하는 데도 나름의 타당한 이유가 있지만, 좀 더 자세히 들여다보면 그리스도인의 삶이 가진 독특성은 긍정적인 방식으로 이해되고 표현될 수 있다. 시의회에서 발언하거나 의회에 편지를 쓸 때 거룩함에 관해 긍정적으로 표현하는 전략을 세워야 한다는 뜻이 아니다. 다른 그리스도인들과의 드러나는 대화에서 긍정적 표현을 사용하는 것은 필요하다. 그러나 나는 그것을 넘어서 공적 책임이 필요한 광범위한 영역에서의 말과 실천에 접근하는 좀 더 폭넓은 방식을 제안하려 한다.

거룩함에 좀 더 폭넓게 접근하려면 우리가 알게 모르게 무시하는 영역에 주의를 기울여야 한다. 삼위일체 신학을 제대로 이해하지 못하는 이들이 의외로 많다. 성부, 성자, 성령 하나님을 고백하면서도 세 번째 위격인 성령님을 3순위 정도로 인식하곤 하는 것이다. 나는 15년 이상을 가르치면서 많은 학생과 신자가 비슷한 부분에서 부족하다는 것을 발견했다. 교회에서 성령을 어떻게 배웠냐고 물어보면 대부분 제대로 말하지 못했다. 이 부분이 빠진 것은 다양한 개인적 성장 배경이 원인일 수 있다. 오순절 교회나 은사주의 운동에 대해 회의적인 공동체에서 훈련받은 경우부터, 그리스 도중심적인 가르침이 결국 성령님의 사역을 가려버린 경우까지 다양하다. 두 경우 모두 결과적으로는 열정적인 신앙생활을 하면서도 성령에 대해서는 이상할 정도로(때로는 의도적으로) 무시하는 태도를 보이는 경우가 많다.

성령님을 삼위일체의 부차적 구성원이자 관심을 회피하시는 분으로 볼 수도 있는 이유는 요한복음 16:13에 나오는 예수님의 말씀 때문이다. "그가 스스로 말하지 않고 오직 들은 것을 말하며 장래 일을 너희에게 알리시리라." 그 뒤에는 이렇게 나온다. "그가 내 영광을 나타내리니, 내 것을 가지고 너희에게 알리시겠음이라." 이 구절들만 보면 성령님은 예수님을 드러내는 일이 우선인 분이고 숨어서 속삭이는 역할을 맡았다고 볼 타당한 이유가 있다. 이것이 사실이라면 성령님에게 별 관심을 두지 않는 것이 오히려 그리스도인으로서 마땅한 일이리라. 그러나 더 큰 맥락을 고려한다면, 특히 예수님의 15절 말씀에 따라 아들과 성령 모두 아버지로부터 메시지와 사명을 부여받았다는 연속성에 주목한다면 달라진다. 그렇게 보면 예수님이 성령님을 부차적인 존재라고 하신 것이 아니라 자신이 승천한 후에도 아버지의 일을 계속할 분으로 설명한 것임을 분명히 알 수 있다. 성령님은 그리스도가 승천하여 더 이상 우리와 물리적으로 함께하지 못할 때도 우리를 홀로 남겨두지 않기 위해 우리 곁에 오신 거룩한 위로자다. 이 세상에서 하나님의 사명을 잘 수행해 내고 그것으로부터 유익을 얻으려면 함께하시는 성령님의 존재에 반드시 관심을 두고 집중해야 한다.

거룩함을 향하여

당장 성령님에 관해 충분히 설명하고 싶은 마음도 들지만, 여기서 주목하고 싶은 부분은 따로 있다. 그것은 하나님의 백성을 변화시키는 성령님의 사역, 즉 성화의 과정이다. 나는 "과정"이라는 단어를 사용함으로써 이미 나의 의도를 밝혔다. 그리스도인을 하나님의 거룩한 백성이라고 칭할 때 그 의미는 우리가 하나님께 속했고 그의 소유로 구별되었다는 위대한 진리에 그치지 않는다. 고린도전서 1:2은 이 명칭의 두 가지 측면을 모두 보게 해준다. 1세기에도 리얼리티 방송이 있었다면 문제가 많은 고린도 교회를 소재로 한 프로그램이 한두 개 정도는 있었으리라고 쉽게 상상할 수 있다. 그런데도 바울은 편지의 첫 인사에서 고린도 교인을 "그리스도 예수 안에서 거룩하여지고" "성도라 부르심을 받은 자들"이라고 부른다. 고린도 교인들마저 "성도"(거룩한 백성)라고 불린 것이다. 그들은 하나님께 속했고 그런 정체성대로 살아야 한다는 과제를 받았다. 이는 부모가 자녀에게 "네 성이 뭔지 알고 있지? 그에 걸맞게 행동해라"라고 말하는 것과 비슷하다. 바울의 이 말은 우리에게도 적용된다.

다르게 말하자면 그리스도인의 "구별됨"은 앞장에서 봤듯이 우리 정체성의 일부기도 하지만, 이 독특성은 또한 우리의 삶에서 어떤 일이 일어나고 있는지를 말해주기도 한다. 성화의 과정은 그리스도인 안에서 일하시는 성령님의 지속적 사역으로서, 우리의 정체성을 공적으로 드러내기에 이른다. 그리스도인에게 익숙한 말로 표현하자면 성화란 점점 더 그리스도를 닮아가는 과정이다. 그리스도인이 예수님을 세상에 드러내게 해달라고 노래하거나, 다른 신앙인의 부족함을 보고 온라인 같은 공간에서 공개적으로 우리가 예수님을 드러내고 있는 것이 맞는지 의문을 제기하며 하나님께 예수님을 더 닮게 해달라고 요청할 때, 우리는 성령님을 통하여 성화의 사역을 행해달라고 하나님께 간구하는 것이다. 공적 영역에서 그리스도인이 기능하는 방식에 대한 모든 문제는 결국 하나의 질문으로 귀결된다. 성령님이 일하신다는 증거가 나타나는가? 그들의 성향과 담론이 그들 안에 그리스도의 형상이 빚어지고 있음을 드러내는가? 백성의 마음속에 그리스도를 빚어가는 성령님의 사역이, 공적 책임의 영역에 나타나는 마음의 영역에까지 침투하였는가?

그리스도인에게 불만이 있다거나 실망했다는 이야기가, 공적 행위를 할 때 좀 더 인간적이었으면 좋겠다는 바람과 함께 나올 때가 많다는 것은 흥미로운 부분이다. 과격한 표현 때문인지 정치적 분열을 일으키기 때문인지는 모르겠지만, 기사나 블로그 글에서는 계속해서 그리스도인은 비인간적인 모습이 아니고서는 공적 영역에 참여할 수 없는 것인지 의문을 제기한다. 좀 더 인간적으로 행동하라는 요구야말로 성령님이 하나님의 백성을 성화시키시기를 소망하는 마음의 표현이다. "성화"와 "거룩함"이라는 단어가 대화에 거의 등장하지 않는 것은 성령 교리에 대한 우리의 이해가 부족함을 나타내는 것일 수 있다. 보다 인간적인 모습을 요구하는 것이 성화된 백성의 모습을 열망하는 것과 같은 이유는, 변화로 이끄는 성령님의 사역이 궁극적으로 우리를 점점 더 인간적으로 만들어가는 과정이기 때문이다. 그것은 재인간화re-humanization의 과정이다.

죄가 세상에 들어온 후 인간은 자신과 타인을 비인간화하는 일에 금세 능숙해졌다. 직접적으로 표현된 것은 아니지만, 하나님이 아브라함에게 (언젠가는 메시아가 오실 것이기에) 모든 민족이 그를 통해 복을 누릴 것이라고 약속하셨을 때, 이 축복은 훗날 예수님을 통해 하나님과 다시 연합할 이들의 온전한 인간성 회복도 포함하고 있다. "나는 그저 인간일 뿐이다"라는 말로 우리의 연약함과 부족함을(즉 우리가 온전한 인간이 아님을) 표현할 때가 많은데, 이는 타락한 상태를 용인하는 것이다. 그리스도인이라는 것은 곧 진정한 인간됨을 향해가고 있음을 뜻한다. 그리스도가 완전한 인간이고 그분의 형상을 닮는 것이 우리의 목적이라면 우리는 당연히 온전한 인간성의 회복을 목표해야 한다. 성화는 이 목표를 향해 나아가는 길이자 경험이다.

그렇다면 어떻게 이 목표를 이룰 수 있을까? 그리스도가 다시 오셔서 하나님 나라가 온전히 임하기 전까지의 성화에 대하여 그 과정이 어떠하고 범위가 어디까지인지는 보편적으로 합의된 것이 없다. 우리가 장차 누릴 유산은 성령님이 인치고 보증해주시지만 (엡 1:14) 이 땅에서 종말론적 하나님 나라를 얼마나 경험할 수 있는지에 관해서는 엄청난 양의 잉크와 종이를 소비하며 논의해왔어도 아직 결론에 이르지 못했다. 그러나 이 문제에 대한 대답은 상당히 중요하다. 그에 따라 그리스도인의 공적 행위에서 무엇을 기대할 수 있는지가 크게 달라지기 때문이다. 예컨대 성령님이 새로운 삶과 영원한 생명을 선물로 주시기는 했으나 그 뒤로는 우리가 의롭게 되었고 하나님께 속했음을 상기해주시는 정도에 그친다고 믿는다면, 그리스도인의 행위에 큰 기대를 할 수 없을 것이다. 반대로 "우리를 모든 불의에서 깨끗하게 하실 것이요"(요일 1:9)와 같은 구절을 "구원 받은 자는 성령님의 성화 사역에 의해 고의로 짓는 죄에서 해방될 수 있음"을 뜻하는 것으로 해석한다면 그리스도인의 행위에도 큰 기대를 할 수 있다.

　나는 이 문제를 이렇게 생각하게 됐다. 성령님이 역사하신 결과로 한 사람이 거듭난 후에는 성화의 과정이 시작된다. 그것은 그리스도가 십자가에 달리심으로써 우리가 얻게 된 하나님 앞에서의 위치를 말해주는 칭의나 속죄와는 다르다. 성화는 우리를 향하여 우리 안에서 역사하시는 하나님의 은혜로운 사역을 통하여 우리를 더 온전한 인간됨으로 이끌어간다. 로마서 8:9-13도 그리스도인이 성령의 사역에 순종하고 그것을 민감하게 인식함으로써 변화의 과정에 참여할 수 있다는 기대를 표현한다. 갈라디아서 5:13-26과 같은 본문은 우리에게 그리스도를 닮은 온전한 인간의 모습을 드러낼 가능성이 있긴 하지만, 악한 소욕이 성령을 거스르기에 그것이 쉽지는 않다는 것을 알려준다. 그리스도인은 분명 변화를 경험할 수 있으나 그 과정이 일정한 속도로 일어나지는 않는다. 변화가 빠르고 극적일 때도 있고, 너무 느려서 인지하지도 못하는 사이에 일어날 때도 있다. 과정이 더딜 수 있다고 하여 우리의 악행이나 성격적 결함이 묵인될 수는 없다. 거룩함으로의 부르심이 언제나 우리 앞에 있기에 성령님을 통하여 힘 주시고 변화시켜달라고 하나님께 늘 기도해야 한다. 결국 성화란 성령님에 의한 재인간화 과정이다.

공적 거룩

더욱 온전한 인간의 모습을 회복하는 길에 있는 삶은 어떤 모습일까? 하나님은 "너희는 거룩하라. 이는 나 여호와 너희 하나님이 거룩함이니라"(레 19:2)라고 하셨고 그의 백성이 다른 이들과 분명히 구별되는 방식으로 살아야 한다고 여러 번 말씀하셨다. 오늘날 그리스도인은 고대 이스라엘인들처럼 한 민족은 아니다. 그러나 바울이 고린도 교인들에게 상기시킨 바와 같이 거룩한 삶으로의 부르심은 우리에게도 유효하다. 성령에 의한 재인간화는 현실에서 우리의 성품을 바꾸는 것으로 발현되는데, 이는 "네 이웃을 네 자신 같이 사랑하라"(마 22:39)는 두 번째 계명이 매우 여러 형태로 표현됨으로써 가장 잘 드러난다. 이 장을 시작하면서 사례로 들었던 사람들은 모두 그리스도인이 진정 이웃을 사랑하며 산다는 것의 참뜻이 무엇인지를 물었다. 세세한 문제에서는 이들과 의견이 다르더라도, 적어도 이 질문은 타인과의 관계의 모든 차원에서 중요하다. 소위 "교회 사람들"과의 관계에서부터 문화적·정치적 입장이 다른 사람과의 관계에 이르기까지 말이다. 거룩함의 추구는 내적 변화에 국한되지 않고 공적 행위로까지 확장되어야 한다.

지금까지는 사용하지 않았지만 이 논의에서 반드시 나와야 할 단어가 바로 "원수"enemy다. 평소에 특정인이나 타국을 적으로 여기든 아니든, 그리스도인은 어떤 식으로든 원수라는 범주에 드는 이에게 사랑을 보이도록 부름 받았다(마 5:44; 롬 12:17-21). 정치적 사안에 관한 공적 담론은 때로 너무 격렬해져서 "상대방"(중요한 문제에서 반대 관점을 가진 사람)을 쉽게 원수나 적으로 여기게 된다. 한 개인을 그가 소중하게 생각하는 정치적 사안과 묶어서 취급하기가 얼마나 쉬운지 우리는 잘 알고 있다. 특히 사안이 민감할수록 상대방을 적으로 보게 된다. 의도치 않았더라도 사안에 대한 의견 차이 때문에 (때로는 상대의 말투와 행동 때문에) 정치적 "상대방"은 우리에게 그 어떤 대가를 치르더라도 대적해야 할 "대상"으로 변신하고 만다. 그만큼 위기감이 고조되기 때문이다. 그러나 성화의 길은 위기감이 고조될 때라도 정적을 이웃으로 대해야 한다고 우리에게 도전한다. 정적 역시도 우리가 사랑해야 할 존재이자 동료 인간으로 봐야 한다는 것이다.

사람과 원수가 되는 것은 어떤 모습이며, 반대로 거룩한 공적 태도의 모범은 어떤 것일까? 낙태 문제를 생각해보자. 1970년대 중반부터 오랜 시간 동안 이 사안은 정치적 전쟁터였다. 일부 그리스도인은 여기에 많은 에너지를 쏟았으며 찬반 양측의 정치적 말과 행위가 때로는 극단으로 치달았다. 이 사안은 권리라는 틀에서 논의되었는데, 미셸 커틀리^{Michelle Kirtley}의 말처럼 이것이 우리의 공적인 태도 문제와 직결된 의도치 않은 결과를 가져오기도 했다.

낙태 논쟁은 최근 우리 사회에서 가장 극단적인 대립을 낳고 있는데, 그 부분적인 원인은 많은 이가 이 문제를 개인적 권리의 문제로 보기 때문이다. 연방대법원의 "로 대 웨이드 판결"도 사적 권리에 기초한 것이었다. 그러나 권리론에 기초한 자기결정권이라는 관점은 낙태 허용 지지 측과 반대 측 모두에게 파괴적인 결과를 낳았다. 지지 측은 여성 개인이 자기 몸에서 일어나는 일을 스스로 결정하고 선택할 수 있는 "권리"를 주장하고, 반대 측은 생명에 대한 태아the unborn의 "권리"를 주장한다. 그 결과 태아의 권리와 여성의 권리가 대립하는 양상이 되면서 양측은 승자와 패자의 패러다임에 빠지고, 이 문제에 연루된 모두가 엄청난 감정적 위기감을 느끼게 되었다. 이 승자와 패자의 패러다임 때문에 많은 그리스도인이 어느 한 편에 서게 되었다. 즉, 태아를 보호하는 편을 택하고 여성의 존엄성을 세우는 일은 등한시했다. 따라서 프로라이프 운동과 연합한 교회는 반여성 세력으로 낙인찍혔고 이러한 고정관념을 탈피하려고 아무리 노력해도 소용없었다. 권리를 기초로 한 패러다임의 또 다른 심각한 결과는 낙태를 반대하는 정치적·문화적 노력이 여성의 존엄성을 증진시키거나 여성이 겪는 수많은 부당한 대우를 폭로하려는 노력과 분리되고 말았다는 것이다. 사실 여성이 낙태를 할지 말지 고민하는 끔찍하고 원치 않는 상황에 이르게 된 것이 그런 부당한 상황 때문인 경우도 있는데 말이다.[4]

나는 프로라이프 운동 지지자의 대다수가 여성 인권에 반대한다고는 믿지 않지만, 낙태 허용 지지 측이 그들의 말이나 행동을 여성에 대한 공격으로 해석한다는 점은 눈여겨볼 만하다. 이 문제의 핵심이 "여성의 몸을 남성이 마음대로 통제하려는 것"이라는 식으로 보는 관점은 터무니없게 느껴질 수 있다. 그러나 어쩌면 그것은 태아에게만 초점을 둔 반대 측의 표현이 마치 임신한 여성을 부차적인 존재로 여기는 듯한 인상을 줘서 일어난 결과일 수 있다. 그들의 주장이 말도 안 되게 들리겠지만, 과연 복음주의 진영에서 낙태의 부작용이라는 측면을 제외하고 아이를 가진 여성에게 초점을 맞춘 적이 있는가? 커틀리는 앞으로의 방향을 이렇게 제안한다.

> 태아와 산모 중 누구의 권리가 더 중요한지 묻는 대신 인간의 존엄과 정의라는 언어를 사용한다면 이 논쟁의 성격이 달라질 수 있다. 그리스도인으로서 낙태를 반대하는 것은 하나님이 부여하신 모든 피조물의 존엄성에 근거를 둔다. 이는 성장하는 태아만이 아니라 산모의 존엄성에도 관심을 둬야 함을 의미한다. 산모는 비록 강간으로 인정받지는 못했더라도 말할 수 없는 방식으로 존엄성을 유

린당했을 수 있다. 물론 공개적인 낙태 반대를 중단해야 한다는 말은 아니다. 그러나 교회와 정치 공동체는 부당한 대우를 받는 여성을 위한 행동으로까지 이어지는 긍휼의 마음을 키워야 한다.

인간의 존엄성에 초점을 맞추면 원치 않는 임신 문제를 공동체적 관점으로 접근하며 개인주의에 도전할 수 있다. "공적 정의 센터"the Center for Public Justice의 지침에 나오듯이 원치 않은 임신의 문제는 "확장된 가족 구성원, 지지해주는 친구와 이웃, 교회, 사회 복지 기관, 그리고/또는 공공 기관의 엄청난 책임을 요한다." 그리고 공공 정책의 영역에서 "정부는 산모와 유아의 건강을 충분히 돌보며 산모에게 상담을 권장하고 입양을 촉진하고 위탁 보호제를 강화하는 등, 책임의 영역에서 할 수 있는 모든 것을 다해야 한다.…" 단지 낙태를 반대하는 것만으로는 부족하다. 그리스도인은 적극적으로 여성의 존엄성을 고양시켜야 한다. 아프리카의 산모 사망률을 줄이는 일이든, 성 착취 인신매매를 종식시키는 일이든, 가정 폭력으로 고통 받는 여성을 돕는 일이든, 무엇이든 해야 한다. 이렇게 함으로써 우리는 이 타락한 세상에서 주님의 마음을 보다 분명하게 드러낼 수 있다.[5]

낙태를 반대하는 그리스도인이 태아를 걱정하는 만큼 산모도 걱정하는 이들로 알려진다면 어떻게 될까? 우리의 수사적 표현과 실천이 계속해서 더욱 온전한 인간으로 성장해가는 우리의 모습을 반영한다면, 다른 정책을 지지하는 사람이라도 프로라이프 진영의 그리스도인을 반여성적이거나 비인간적이라고 보기가 더 어려워질 것이다. 이렇게 상상해보자. 계획하지 않은 임신을 한 여성에게 가장 먼저 드는 생각이 이런 것이라면 어떨까? "그래, 교회에 전화하자. 교회의 말에 다 동의하는 건 아니지만 교회라면 내가 잘 지낼 수 있도록 애써주겠지." 우리의 공적 지원이 프로라이프에 대한 입장만큼이나 강력하게, 그리고 이웃 사랑을 드러내는 방식으로 이루어진다면, 성화되는 우리의 모습이 많은 이들을 놀라게 할 것이다. 낙태 문제는 하나의 사례일 뿐이다. 초점이 이민자 문제에 있든 환경 문제나 빈곤 극복 문제나 그 외의 수많은 중요한 사안에 있든 간에, 거룩함으로의 부르심이 우리의 사적·공적 태도를 깊이 형성하고 거기에 영향을 줘야 한다.

"그리스도를 적대하는 문화 속에서 진리를 선포하는 역할은 어쩌고요?" 이는 분명 공적 담론의 예언적 측면을 강조하는 일부 보수적·진보적 복음주의자들의 입장이다. 진리를 선포했다는 이유로 "혐오주의자", "광신도", "극단적 정의론자"라고 불린다면 현대적 의미의 박해나 정서적 순교를 경험하는 것으로 봐야 하지 않을까? 이 질문은 매우 중요하다. 특히 강력한 정의감이나 불의에 대한 반응에서 나온 공적 담론에 참여하는 태도 때문에 일어난 일이라면 말이다. 성화는 진리를 열정적으로 주장하는 것이나 심지어 분노하는 것과도 상반된 것이 아니다. 그러나 우리의 강한 수사적 표현을 순수한 하나님의 말씀과 직접 연결하는 일은 조심해야 한다. 진리를 열정적으로 말해서는 안 된다는 것이 아니라 "진리의 편"에 서 있을 때조차도 원수를 사랑하라는 명령을 잊어선 안 된다는 말이다. 진리에 대한 헌신이나 불의와 악에 대한 분노조차도, 가장 지독한 원수까지 존중해야 할 우리의 의무를 저버릴 이유는 되지 못한다. 다시 말해 우리가 진리의 편이라고 하여 상대방에 대한 공격을 훈장처럼 여겨서는 안 된다. 또한 우리가 진리의 이름으로 사회적 비난이나 "순교"를 각오하는 것이 삼위일체 하나님을 예배하려는 의도보다 자신을 내세우려는 의도는 아닌지 깊이 생각해봐야 한다. "거룩한 분노"holy indignation도 성화의 한 표현일 수 있다. 그러나 결국 우리는 담론을 통하여 진리를 규명하면서도 모든 이웃을 향한 사랑에 매진할 수 있다.

거룩함은 경건한 마음의 골방 속에 숨겨져 있을 것이 아니라 가정, 학교, 문화, 정치 등의 공적 영역에서 드러나야 한다. 아직은 그리스도께서 모든 질서를 바로잡으실 날을 기다리고 있기 때문에 성화의 과정이 순탄치만은 않다. 그러나 성령님께서 자신의 음성을 듣고 자신의 능력에 복종하라고 명하신다. 이 부르심에 귀를 기울이고 변화의 여정을 계속한다면, 우리의 사적·공적 실천은 분노를 일으키기보다 놀라움을 선사할 것이다. 원수들조차도 더욱 인간적이 되어가는 우리의 모습을 알아볼 것이다.

제4장

인내: 경기를 계속하기

"무죄."

2013년 7월 13일, 판결을 들은 조지 짐머맨^{George Zim-merman}은 무표정했지만 속으로는 크게 안도했을 것이 분명하다. 2012년 2월 26일 비가 내리던 밤, 라틴 아메리카계 자율 방범 단원이던 짐머맨은 비무장 상태인 열일곱 살 청소년 트레이번 마틴^{Trayvon Martin}을 총으로 쏴서 죽였다. 트레이번은 아프리카계 미국인이었다. 초기 수사에서는 정당방위였다는 짐머맨의 주장에 이의가 없었기 때문에 그는 체포되지 않았다. 그러나 사건이 공개된 이후로 언론에서 많은 보도가 나오자(그중 잘못된 이야기도 있었지만) 더 자세히 조사하여 짐머맨을 체포하라는 여론이 일어났다. 나는 이 사건을 어떻게 봐야 할지 잘 몰랐다. 인종 차별과의 관계는 고민해볼 수밖에 없었지만 말이다. 사고 후 6주가 지나서야 짐머맨이 체포되었고 2013년에는 재판이 시작되었다.

짐머맨은 무죄 선고에 안도의 한숨을 쉬었겠지만 다른 많은 사람은 괴로워하고 분개했다. 그들에게는 이 선고가 아프리카계 미국인에 대해 계속 자행되고 있는 구조적 불의를 상징했다. 반면 다르게 느낀 이들도 있었다. 그들은 이것이 증거에 따라 나올 수 있는 유일한 판결이며 인종 차별과는 전혀 무관하다고 봤다. 판결 이후 수일, 수주 동안 그 재판과 미국 내의 인종 차별 상황에 관해 많은 토론이 이루어졌다. 텔레비전, 잡지, 언론 매체와 블로그 공간에서 소송 과정과 미국 내 인종 관계의 다양한 측면에 관한 수많은 이야기와 의견이 쏟아졌다. 심지어 판결에 반대하는 시위와 집회도 있었다. 당시 나는 이런 열기를 무시하기란 불가능하다고 느끼면서도, 내가 읽고 듣는 것을 어떻게 받아들여야 할지 확신하지 못했다. 많은 경우 분노를 표명하는 쪽에서는 상대 측이 뻔한 것을 보지 못한다며 당혹스러워했다. 마틴/짐머맨 사건과 재판은 누가 봐도 인종 문제를 보여주는 것 아닌가? 혹은, 안타까운 사건이긴 하지만 누가 봐도 정당방위 과정에서 일어난 일 아닌가? 열정과 확신에 찬 표현은 넘치는데 보다 온전한 사회로 가게 할 만한 깊고 세밀한 이해로 넘어갈 추진력은 보이지 않았다. 이러한 현실에 나는 때로 감정적 혼란을 겪기도 했다. 소란 가운데에도 통찰력 있고 냉철한 분석이 가끔 나왔으나, 이 논쟁의 격렬함 자체를 통해서도 한 가지는 분명해졌다. 미국에서 노예 해방이 선언된 지가 150여 년이 지났고 1964년과 1965년의 민권법과 선거권법 제정이라는 획기적인 사건으로부터 거의 50여 년이 지났음에도 불구하고 인종 차별 문제는 아직 갈 길이 멀다는 것이다.

우리 사회가 50년 전과 달라졌다는 사실은 누구도 부인할 수 없겠지만, 짐머맨 판결에 대한 반응을 보면 생각만큼 그렇게 많이 발전한 것은 아니었다. 이런 상황은 아직까지도 인종 차별을 신념의 문제라거나 심지어 미덕이라고까지 주장하는 이들 때문이 아니다. 그보다는 진정으로 평등한 사회, 모두의 번영을 촉진하는 사회의 가능성을 과거의 인종적 유산이 계속해서 교묘하고 보이지 않는 방식으로 거스르고 있는 탓이 크다.

최악의 상황 아닌가? 온갖 우울하고 끔찍한 이야기가 흔하게 들리는 깨어진 세상에서 이런 질문은 잘못되었다. 문화적 참여와 공적 책임에 헌신된 그리스도인이라면 세상을 더 나은 곳으로 변혁하기 위한 일을 계속해야 한다. 그러나 인종 문제가 쉽게 사라지지 않는 것만 봐도 알 수 있듯이 변화는 기대보다 천천히 일어날 때가 많다. 나도 개인적으로 무력감을 느낄 때가 있다.

이런 문제는 미국에만 국한된 것이 아니다. 이전에 내 제자 중 하나는 아프리카에서 수차례 일하면서 인도주의적 원조나 개발이 이루어지는 현지의 방식에 당황했었다. 나는 그에게 느낀 것을 글로 작성해 보라고 했다.

제 경험이 아직 제한적이긴 하겠지만, 몇 해 동안 서부와 중앙아프리카에서 정부나 비정부 기관의 원조 및 개발 프로그램에 참여했는데요, 좌절할 수밖에 없는 이유를 충분히 경험했습니다. 선의의 궁휼이 있어도 충분한 기초 교육이 없다면 결과는 처참할 수 있습니다. 탄탄한 프로그램도 내부적 권력 투쟁이 되어버리면 힘이 빠지고 맙니다. 그리스도인이 인도주의의 이상을 무비판적으로 따르다 보면 방향성을 잃게 됩니다. 제가 관리했던 프로젝트는 최근 전쟁으로 난민이 된 이들에게 긴급 구호 식품을 제공하는 것이었습니다. 그런데 이 프로젝트에 자금을 댄 정부 단체와 지역 관료들과 수혜자 대표들이 서로 작당하여 수백 톤의 음식을 지역 시장에 내다 판 것을 알았을 때 (게다가 이것이 일반적인 관행이었습니다!) 저는 엄청난 충격에 빠졌습니다. 이렇게 식품이 대량 유입되니 시장 가격이 하락하여 같은 시장에서 상품을 파는 지역 농부들에게 심각한 타격을 줬습니다. 수년간 그런 일로 인해 많은 농부가 농사를 포기했습니다. 인도주의적인 원조 사업을 조직하고 자금을 대는 정부가 원조 사업으로 해결하고자 하는 바로 그 만성적인 문제의 원인에 깊이 연루되어 있다면 어떻게 해야 할까요? 엄청난 양의 자원과 리더십이 투입됨으로써 오히려 지역 생산의 존엄성이 저해될 때, 참여하지 않는 것보다 참여해서 오히려 수많은 문제를 더 일으키는 듯할 때는 대체 어떻게 해야 할까요?

지난 10-20년간 기독교계에서는 세계적 빈곤과 개발 관련 사안에 초점을 둔 공적 행동을 강조하는 흐름이 있었다. 비참한 빈곤의 원인이 식민 지배이든, 개발의 지체, 자연 재해, 가뭄, 정부의 부패이든, 아니면 세계화 효과의 일부이든 간에, 다뤄야 할 사안은 질병과 깨끗한 물에서 경제 성장까지 다양하다. 많은 그리스도인이 이러한 개발의 과정을 지지하거나 거기 참여하는 일에 열성이다. 그러나 내 제자의 글에서 볼 수 있듯이 인도주의적 원조와 개발은 느리고 복잡하며 때로는 당황스러운 영역이다. 개발도상국에서의 내 경험으로 보자면, 그때 나는 "변화가 어떻게 가능할까?" "어디서부터 시작해야 할까?" "번영으로 가는 길을 닦으려면 어떤 능력이 필요할까?" 등의 질문을 했다. 우간다에 있을 때 한밤중에 잠에서 깨어 지속 가능한 변화를 일으키려면 어떻게 해야 할지 고민하던 순간이 아직도 생생하다. 나는 미국으로 돌아갈 때까지 잠시 그곳에 머물겠지만, 내가 만난 주민들은 하루하루가 생존을 위한 투쟁이었다.

한편 사회에서는 우리가 바라는 변화만 일어나는 것이 아니다. 기대만큼 빠르게 일어나지 않는 변화가 있는가 하면 원하는 것보다 빠르게 일어나는 변화도 있고, 아예 일어나지 않았으면 하는 변화도 일어난다. 그중 한 가지 예가 성 혁명의 "성공"이다. 인간관계가 아수라장이 된 사회의 모습으로 볼 때, 성공이라기보다 재난이라고 불러야 마땅하겠지만 말이다. 어쨌든이제는 전보다 성적으로 더욱 관대한 사회가 되었고그런 문화가 교회에까지 침투했다. 그에 따른 가장 중대한 변화는 동거와 이혼의 증가다. 성 혁명만이 오늘날 결혼 제도의 위기를 초래한 유일한 원인은 아니지만 중요한 역할을 한 것은 사실이다. 성 혁명의 가장 심각한 영향 중 하나는 혼외 출산은 계속되지만 전반적결혼률은 하락하고 있다는 것인데, 특히 하위 중산층아래에서 하락 현상이 두드러진다.[1] 부모의 불안정한관계는 아이들이 인생을 살면서 성공할 가능성을 낮추는 중요한 요소가 되며[2] 결국 사회에 지속적 불안을 야기하는 원인이 되어 이를 해결하는 데 다양한 공적 전략이 필요해진다. 흔히들 성 혁명을 단순히 감각적 쾌락을 추구하는 사회 현상으로 생각하곤 하는데, 이 혁명의 성공으로 야기된 커다란 사회적·정치적 어려움을 생각해보면 그것은 우리 사회에 엄청난 파문을 일으켰다. 정치학계에 있는 나의 동료는 이렇게 표현했다. "서민층의 결혼률이 확 떨어지면서 이제 미국은 아르헨티나가 되어가고 있어"(빈부 격차가 엄청나게 벌어지고 있다는 의미). 이처럼 원치 않는 사회적 변화는, 바라던 사회정치적 변화가 더디게 일어나는 상황만큼이나 우리를 좌절하게 만든다.

고통을 직시하기

이런 절망적인 상황에서 우리는 무엇을 해야 할까? 이제는 문화 전쟁을 종식하고 정치적인 방법으로 사회 변혁을 일으켜야 할 때일까? 제임스 데이비슨 헌터James Davison Hunter의 『기독교는 어떻게 세상을 변화시키는가』To Change the World, 새물결플러스 역간, 2014는 이 문제와 관련하여 많은 대화를 일으켰다. 버지니아 대학교의 사회학자인 헌터는 많은 현대 그리스도인이 사회적 변화의 방법과 과정을 오해하고 있다고 주장했는데, 주로 정치를 통해 변화를 추구하는 이들이 특히 그렇다고 봤다. 이 책에는 내 나름대로 우려되는 부분도 있지만[3] 그래도 가장 유익한 부분 중 하나는 사회적 변화가 우리의 생각보다 훨씬 더 천천히, 예컨대 한 세대에 걸쳐서, 드물게 일어난다는 것을 보여준 대목이다.[4] 헌터는 정치적 싸움에서 이기는 것보다, 우리가 영향을 줄 수 있는 작은 영역 안에서 그리스도를 닮은 신실함을 발휘하는 데 집중하는 전략이 필요하다는 뚜렷한 목소리를 냈다. 이는 헌터만의 주장이 아니었다. 이 책의 출판 전후로, 얻는 것도 없는 정치적 참여를 중단해야 한다는 목소리가 있었다. 정치 영역에서 물러나는 것을 원치 않는 이들도 대안적 정치 참여 방법이나 다른 형태의 공적 실천 방법은 없는지 고민하게 되었다.

반응이 다양한 가운데서도 우리가 공통적으로 느끼는 좌절감은 중요한 신학적 진실을 드러낸다. 타락의 영향력이 사방에 만연해 있어 우리가 최선의 의도를 가지고 하는 일들을 항상 훼방한다는 것이다. 그것이 개인적인 일이든 공적인 일이든 정치적인 일이든 마찬가지다. 해변으로 원치 않는 파도가 밀어닥치듯, 완강한 인종 차별주의, 궤도가 왜곡된 인도주의 사업, 사회적 재앙이 되어버린 성 혁명은 이 깨어진 세상이 긍정적 변화를 거부한 사례 가운데서도 그저 일부에 불과하다. 죄는 개인적인 차원을 크게 넘어선다는 것을 분명히 알아야 한다. 그것은 사회 구조로 발현되어 사회에 악이 머물게 하거나 그것을 다시 불러들인다.

긍정적 변화는 과거에도 일어났고 앞으로도 일어날 수 있다. 그러나 우리가 많은 권력을 얻는다고 해도 사회의 방향을 쉽게 좌지우지할 수 없다는 것과, 좋은 사회로 가는 최선의 길을 항상 제대로 분별하기가 어렵다는 현실을 괴롭지만 직시해야 한다. 역사란 우리의 위대한 계획이나 꿈에 따라 쉽게 움직일 수 있는 것이 아니다. 그 과정에서 항상 우리를 좌절시키는 일이 일어난다. 사회의 심각한 문제 양상과 변화에 대한 저항에 부딪힐 때, 우리 스스로가 그저 무력하고 역사의 변덕에 휘둘리는 존재이자 항로 모를 배의 승객처럼 느껴질 수도 있을 것이다. 아무리 낙관적인 사람이라도 우리의 변혁 전략에는 좌절과 실패가 항상 따라다니리라는 것을 인정해야 한다. 우리가 가는 모든 곳에서 저항이 일어날 것이다.

이런 절망감 앞에서 어떻게 해야 할까? 세계 국가의 역사에서 모든 진보에 저항이 따르는 것을 봤다면, 긍정적 변화의 조짐을 처절하게 찾고 있다면, 이런 상황에서 어떻게 공적 참여라는 경기를 포기하고 영원히 벤치에 앉으려는 유혹을 떨칠 수 있을까? 1장에서 나는 그리스도인에게 공적 책임이 매우 중요한 것이라고 확신했다. 따라서 벤치로 돌아가는 것은 최선의 선택도 신실한 선택도 아닐 것이다. 그럼에도 이번 장 초반에서 제시한 사례와 같은 절망적인 상황이 실제로 존재하여 공적 참여의 기회와 책임에 긴장을 유발한다는 사실은 인정해야 한다. 그럴수록 공적 임무에 더욱 매진해야 한다는 듯, 최후의 승리를 바라보며 전진하라고만 외치는 것은 잘못일 수 있다. 우리는 공적 참여에 따르는 고통을 직시해야 한다. 현실을 직시한 후에 계속 전진할 방법을 생각해야 한다. 그리스도인으로서 그리스도의 승천과 그분의 재림에 의한 역사적 종말 사이의 시기를 어떻게 살아갈지 반드시 고민해야 한다. 역사의 이 시점에서 우리는, 지금도 하나님 나라를 맛볼 수는 있지만 아직 온전한 형태로 볼 수는 없음을 실감케 하는 일들을 일상적으로 경험한다. 주님이 다시 오시기 전까지 "사이 시간"in-between-times이라는 영역에서 갈등을 겪으면서도 진실하고 신실하게 살아갈 방법을 진지하게 고민해야 한다.

진실과 애통

여기서는 세 가지 영역에 관해 생각해보고자 한다.

첫째는 오랫동안 잊혔던 기술이라 불리는 애통lament이다. 상실과 비극 앞에서 애통하는 그리스도인은 많이 만나봤지만, 하나님과 나 사이의 대화에 애통함이 새로운 차원으로 추가된 것은 비교적 최근이다. 나는 공적 참여에 따르는 좌절감 앞에서 이 애통을 실천하자고 제안한다. 이것이야말로 세상이 우리에게 주는 비통한 마음을 솔직하고 치열하게 고백하는 그리스도인의 방법이기 때문이다. 성경의 예레미야애가와 시편은 하나님의 백성이 삶에서 느끼는 실망감을 진실하게 표현한 훌륭한 모범이다. 그것이 자업자득으로 겪게 된 바빌로니아 포로 생활 때문이든 그저 고통스러운 삶의 환경 때문이든 상관없었다. 성경에 나타난 표현을 보면 가혹한 진실을 회피하려는 그 어떤 노력도 보이지 않는다.

무릇 나의 영혼에는 재난이 가득하며

나의 생명은 스올에 가까웠사오니

나는 무덤에 내려가는 자 같이 인정되고

힘없는 용사와 같으며

죽은 자 중에 던져진 바 되었으며

죽임을 당하여 무덤에 누운 자 같으니이다.

주께서 그들을 다시 기억하지 아니하시니

그들은 주의 손에서 끊어진 자니이다(시편 88:3-5).

내 눈이 눈물에 상하여 내 창자가 끊어지며

내 간이 땅에 쏟아졌으니

이는 딸 내 백성이 패망하여

어린 자녀와 젖 먹는 아이들이

성읍 길거리에 기절함이로다.

그들이 성읍 길거리에서 상한 자처럼 기절하여

그의 어머니들의 품에서 혼이 떠날 때에

어머니들에게 이르기를 "곡식과 포도주가 어디 있느냐

하도다"(예레미야애가 2:11-12).

이 본문을 보면 시적 화자가 때로는 불평하고 때로는
애통하면서, 개인적 어둠이나 포로 됨에 대해 느끼는
공포의 실상을 열정적으로 털어놓으며 하나님을 향해

울부짖고 있다. 이것이 앞에서 말한 절망적 상황에서 우리가 택해야 할 길이다. 트레이번 마틴의 죽음과 조지 짐머맨의 무죄 판결에 대한 대중의 반응 속에서 우리는 (마틴을 무고한 희생자라고 여기든 아니든) 젊은 청년이 너무 일찍 세상을 떠난 것과 많은 이들이 그와 비슷한 운명을 맞는 것으로 인해 비통한 마음으로 하나님 앞에서 울어야 했던 것인지도 모른다. 또한 짐머맨에 관해 어떻게 믿든 간에, 그가 그저 누군가를 죽인 사람일 뿐 아니라 한 청소년의 생명을 빼앗았다는 사실을 평생 안고 살아야 할 사람이라는 사실로 인해 애통했어야 하는 것이 아닐까? 우리는 과연 그리스도인을 포함한 사회 구성원들이 수많은 인종 문제를 놓고 건설적으로 토론하거나 고민하지 못하는 현실에 애통하는가? 도우려는 이들에게 오히려 해를 끼치는 인도주의적 사업을 볼 때는 어떤 애통함을 표현할 수 있을까? 극도의 가난에 처한 사람들의 고통스러운 삶만이 아니라, 권력과 돈을 매개로 한 부패에 대해서도 애통해야 하지 않을까? 결혼 제도가 위기를 맞고 있으며 특히 서민층에서 더 심각하다는 사실에 우리는 애통하고 있는가?

애통의 실천은 공적 책임에 따르는 좌절감을 솔직히 표현하도록 도와준다. 애통함으로써 긍정적인 변화를 막는 사회 때문에 지치고 화나는 마음을 인정할 수 있으며, 눈앞의 현실로 인해 마음이 무너질 때도 적나라한 정직함으로 하나님께 나아갈 수 있다. 애통을 실천하는 것이란 예수님이 다시 오실 때까지 기도의 골방에 숨는 것이 아니다. 그것은 계속해서 우리의 실망감을 하나님 손에 올려드리는 행위로서, 경기를 포기하고 싶은 유혹을 느낄 때도 그렇게 하는 것이다. 그러나 공적 책임이라는 경기를 계속하는 것은 예수님의 형상을 향한 내적 변화를 추구하는 것만큼이나 중요하다. 애통은 우리의 절망을 인정하면서도 경기를 포기하지 않게끔 도와준다.

기대를 조절하기

두 번째로 중요한 영역은 우리의 역사관이다. 이 세상에서 우리의 책임을 역사의 종말을 이루시는 하나님의 방식과 연관하여 어떻게 이해하느냐가 중요하다는 것이다. 우리는 역사의 방청객일 뿐인가? 아니면 하나님 나라를 세우는 데 감당할 역할이 있는 존재인가? 모든 기대를 내려놓고 그저 최선을 다해야 할 따름인가? 미국에는 남북 전쟁이 일어나기 수십 년 전의 흥미로운 사례가 있다. 당시에는 후천년주의 종말론을 주장하던 이들이 많았고 이것이 그리스도인의 공적 행동에 영향을 끼쳤다. 일반적으로 후천년주의 종말론이란 요한계시록 20:1-6을 근거로 천년왕국 이후에 예수님이 재림할 것이라고 보는 관점이다. 1700년대와 1800년대의 많은 후천년주의자들은 설교와 가르침을 통해 하나님의 왕국을 도래하도록 하는 것이 그리스도인의 책임이라고 확신했다. 그래서 어떤 이들은 "금주 운동"Temperance Movement (1834년 미국에서 시작된 금주 절제 운동이며 이후 유럽으로 번졌다-역자 주)이나 "여성 참정권 운동" Women's Suffrage Movement (여성의 투표권을 주장하며 19세기 중반부터 시작된 사회 운동-역자 주)과 같은 사회 변혁을 시도했다. 그들의 궁극적 소망은 큰 부흥이 일어나 그리스도가 재림하기 이전에 많은 이들이 회심하는 것이었다. 지금에 와서 돌아보면 물론 일정한 진보가 있었지만, 대규모의 세계 변혁과 그리스도의 재림은 아직 일어나지 않았다.

　　미국 역사에서 낙관주의를 무너트린 끔찍한 사건
인 남북 전쟁 이후 후천년주의는 지지를 잃고 복음주
의 그리스도인 사이에는 역사의 향로에 대한 부정적
시각이 자리 잡게 되었다. 길게 보면 역사에는 언제나
성쇠가 있었다. 위대한 혁명도 있었고, 끔찍한 사회적
병폐도 있었다. 그리고 그리스도인들은 오늘날에 이르
기까지 이런 역사에 대한 우리의 역할을 긍정적으로
보기도 하고 부정적으로 보기도 했다.

　　그렇다면 우리는 어떤 관점을 가져야 할까? 역사
를 보는 하나의 관점은 다음과 같다. 예수님이 종말을
묘사한 마태복음 24-25장, 바울이 기록한 데살로니가
전서 4-5장, 베드로의 베드로후서 3장이나 요한의 요
한계시록 20-22장을 읽어보면, 이 역사를 최종적으로
종결하실 분은 하나님이라는 공통된 맥락이 보인다.
한편 우리가 할 일은 역사를 종결하실 하나님을 신뢰
하되 우리의 불완전한 노력을 그분의 종결 행위와 혼
동하지 않는 것이다. 이러한 역사적 관점은 우리가 공
적 영역에서 임무를 수행할 때 지나치게 비관적이지도
지나치게 낙관적이지도 말아야 함을 뜻한다. 이렇게

하면 사회 변혁을 위해 헌신하되, 최후의 승리를 성취해야 한다는 압박에서 벗어난 태도로 접근할 수 있다.

이는 우리가 역사에 아무런 기여도 할 수 없음을 의미하는 것이 아니라, 겸손함으로 기대를 조절하도록 도와주는 시각이다. 특정한 목적을 위한 행동을 촉구하지 말아야 한다는 것이 아니다. 다만 역사에 특수한 업적을 남기는 특별한 세대가 되라고 다른 그리스도인들에게 도전하기 전에, 한 번 더 생각해봐야 한다는 것이다. 물론 말과 행동을 통하여 사회의 방향성에 특별히 큰 영향을 주는 인물이나 집단이 분명히 존재할 수 있다. 그러나 이를 표현하는 언어를 선택할 때 조심해야 하며 지나치게 거창한 예견은 삼가야 한다. 수사적 표현들이 구체적 실천으로 이어질 때 어쩔 수 없이 따르는 좌절감을 생각할 때 이는 매우 유의해야 할 부분이다. 변화로 가는 길은 우리의 기대보다 길어질 때가 많고, 전혀 예상치 못한 길로 우회해야 할 때도 있다. 이런 유의점이 있다고 해서 사회 참여를 피할 것이 아니다. 다만 마치 하늘의 사자로부터 비전과 전략을 직접 받은 양하며 성공에 대하여 허황한 기대를 하게끔 만드는 승리주의의 유혹을 떨쳐내야 한다.

겸손해야 한다는 것은 우리의 행동이 무의미하다는 뜻이 아니다. 그것이 세상의 가장 심각한 문제들을 치유하는 궁극적 해법은 될 수 없다는 의미다. 결혼 세태에 의미 있는 기여를 할 수도 있고 빈곤층을 풍요롭게 하는 일에 기여할 수도 있겠지만, 우리의 사회 참여만으로 하나님 나라를 온전히 임하게 할 수는 없다. 대신 우리는 변화의 과정에서 피할 수 없는 패배감 앞에서도 공적 책임을 신실하게 감당할 수 있다. 물론 우리의 행위가 변화를 일으키길 원하지만, 우리가 이루는 진전이 역사의 마지막 장을 쓰는 것은 아님을 기억해야 한다. 우리의 행동도, 우리를 좌절시키는 저항도 아직 마지막은 아니다.

기꺼이 고난을 감수하기

세 번째 영역은 겸허한 변화에 헌신할 때 뒤따르는 것이다. 변화에 오랜 시간이 걸리고 때로는 우리의 마음을 무너트릴 좌절감도 피할 수 없음을 직시한다면, 고난이 공적 참여 따르는 정상적인 부분이라는 것도 자연히 인정하게 될 것이다. 고난의 차원을 진지하게 받아들이면, 공적 참여에 관해 말하는 방식에도 중요한 변화가 일어난다. 변화transformation라는 단어는 계속 사용하되 그 단어가 고난의 실재를 반영하도록 수정해야 한다. 나는 이런 관점을 담아내는 말로 "십자가형 변화"cruciform transformation라는 표현을 제안한다. "십자가형"은 공적 행위가 우리의 구원에 기여한다는 뜻이 아니라, 사회의 공공선을 추구하는 공적 참여의 길에는 큰 고난이 따를 수 있음을 나타내는 말이다. 우리는 예수님을 따르는 것을 개인적 경건의 문제로 생각하는 경우가 많지만, 십자가를 지고 따르는 길은 그리스도인으로서 하는 모든 일에 해당한다. 여기에는 당연히 공적 참여도 포함된다. 십자가를 진다는 표현은 우리가 항상 패배할 것이라는 의미가 아니라, 더 좋은 세상을 추구하다 보면 큰 괴로움을 겪을 수 있다는 것을 나타낸다.

십자가형 변화는 모든 공적 참여에 반드시 개인적으로나 집단적으로 십자가를 지는 정도의 고통이 따른다는 것을 이야기하지 않는다. 그러나 엄청난 어려움이 따를 수도 있는 현실을 정직하게 직면하도록 도와준다. 세계의 많은 사람이 공정하고 정의로운 사회를 추구하다가 겪는 고난을 생각해보면, 사회 변혁에 무거운 대가가 따를 때가 많음을 금방 알 수 있다. 목숨을 내놓는 사람도 있고 크나큰 정신적 피해를 당하는 사람도 있으며 겉으로 드러나지 않는 고통을 겪기도 한다. 그리스도인이 이런 상황에서 당하는 고통은 반드시 그리스도에 대한 신앙 때문에 받는 박해라기보다 정의를 추구하다가 받는 고난이라고 볼 수 있다. 이러한 추구는 반드시 겉으로 드러나지는 않더라도 우리가 정의의 기준이신 하나님을 섬기고 있다는 믿음에서 흘러나온다.

십자가형 변화의 관점은 우리가 공적 참여의 과업을 신실하게 수행함으로써 하나님을 공경하려 할 때, 담대하면서도 현실적일 수 있도록 도와준다. 사회 변혁이라는 험한 길을 가다 보면 때로 진료소나 병원에 들러 상처를 씻고 싸매야 하는 일이 생긴다. 때로는 길에서 겪었던 두려운 상황에 관해 누군가와 대화하면서 마음으로 소화해야 할 수도 있다. 하지만 변화를 향해가던 걸음을 결코 중단하지는 않는다. 그리스도인이 인종 차별주의의 상처를 치유하는 일이나 개발도상국에서 인도주의 사업의 새로운 길을 만드는 일에 참여하고자 한다면 반드시 좌절과 고통을 경험하게 될 것이다. 그들이 겪는 것은 순교에 준하는 고통일 수도 있고, 당황스럽고 고된 정도의 괴로움일 수도 있다. 그러나 그들은 어떤 경우에도 경기를 멈추지 않으며 벤치는 쳐다보지도 않을 것이다.

경기를 계속하는 이유는 애초에 시작한 이유와 같다. 하나님께서 인간에게 대위임령을 주셨고 그 명령을 거두신 적이 없기 때문이다. 우리는 그리스도의 성육신 이후 시대에 살고 있어 그의 나라는 이미 시작되었다. 그러나 이 세상은 창세기 3장 이후로 줄곧 깨어진 것이 "정상"인 상태여서 언제나 우리의 모든 노력이 위협당한다. 우리는 삶의 모든 차원에서 계속되는 타락의 반향을 경험하는데, 이런 반향이 사회적 차원에서 나타날 때는 두려움, 좌절감, 고단함, 고통, 그 외에도 수많은 것을 느낀다. 오늘날 많은 이들이 당면한 최대의 유혹은 이런 공적 광장의 혼란스러움에서 벗어나 신실하게 살아갈 다른 방법을 찾는 것이다. 영적인 가치가 덜할 수는 있지만 치러야 할 대가도 적은 그런 방법을 말이다. 그 유혹에 굴한다는 것은 곧 우리의 첫 번째 대위임령과 사명에 대한 기억 상실증이다. 애통함, 겸손, 십자가의 관점이 좌절 앞에서도 그 길을 계속 가도록 도울 것이다. 공적 삶에 씨를 뿌릴 때마다 올라오는 가시덤불, 엉겅퀴, 잡초가 우리를 괴롭히지만 그럼에도 우리는 공적인 신실함으로 전진해야 한다. 인내는 쉽지 않으나 공적 책임이 우리에게 손짓한다.

후기: 믿음이 좌우한다

이 짧은 책을 통해 내가 궁극적으로 하고자 했던 것은, 특정한 기독교적 믿음이 어떻게 우리를 공적인 신실함으로 이끄는지 생각해보는 것이었다. 내가 정치 신학 수업을 하면서 다뤄봤던 흥미로운 사안 중 하나는 기독교 교리의 공적 파급 효과였다. 설사 의도하지 않은 효과라고 해도 말이다. 그리스도인 각자는 자신의 믿음 전체를 두고 진지하게 이런 고민을 해봐야 한다. 나의 믿음은 주위 세상에 어떤 변화를 일으키고 있는가?

독일 신학자인 도로테 죌레 ^{Dorothee Sölle} 는 홀로

코스트 시대에 보낸 성장기를 회상할 때마다 뇌리에서 이런 질문이 떠나지 않았다고 한다. "가스 냄새가 나지 않나요?" 수많은 유대인이 재앙에 무너지는 동안 그저 예배당에 앉아 있던 사람들의 믿음을 생각할 때마다, 그에게는 이런 의문이 들었다. 쵤레의 질문은 하나님을 예배하고 그의 말씀에 따르는 신실한 사람을 자처하는 우리가 이 사회에 허용하고 있는 악은 무엇인지를 고민하게 한다. 우리의 믿음이 가능케 하는 것은 무엇이며, 그저 제자리에 두는 것은 무엇인가? 직시하기 힘든 질문이지만 성경의 사람을 자처한다면 과연 우리가 성경의 깊은 진리를 온전히 반영하는 방식으로 신앙을 실천하고 있는지 진지하게 돌아봐야 한다.

성경과 신앙에 복음주의적으로 접근해서는 정의를 제대로 실천하기 어렵다고 확신하는 이들과 대화를 나눈 적이 있다. 나는 그들에게 동의하지 않았지만, 우리 신앙의 어떤 차원이 좀 더 제대로 표현되고 실행되어야 하는지를 고민하게 되었다. 예를 들자면, 우리 교리의 어떤 차원을 좀 더 제대로 이해하고 실천해야 복음주의자로서 인종 차별 같은 민감한 문제를 다루는데 앞장설 수 있을까? 세계 선교는 하되 사회적·경제적·정치적 발전의 복잡성에 관심을 두기는 어려워하는 우리의 신앙에 혹시 빠진 것은 없을까?

이 글의 독자라면 자신의 믿음에 따라 나아가야 할 자리는 어디이며 아직 성장하지 못한 부분은 어디인지를 고민해보기 바란다. 창조론, 기독론, 종말론 등의 다양한 기독교 교리에는 위대한 공적 함의가 녹아 있다. 그것을 종합한 여러분만의 신앙 이야기는 무엇인가? 그에 따라 교회와 주일을 넘어 세상으로 나간 여러분의 이야기는 앞으로 어떻게 펼쳐져야 하겠는가? 우리가 믿는 교리에는 세상에 영향을 미칠 만한 엄청난 잠재력이 있다. 하나님을 더 깊이 알고 더욱 신실한 그리스도의 제자로 성장할 기회는 우리의 눈앞에 있다. 우리의 믿음은 개인적 유익만을 위해서가 아니라 공적으로 표현되기 위해 존재한다. 우리가 하나님 나라의 증인임을 공언하는 데 그치지 않고, 현실적 삶을 통하여 하나님이 주신 사명을 더 깊이 이해하고 실천하며 성장하고 있음을 명확히 증명하는 그리스도인이 되기를 바란다.

역자 후기

빈센트 바코트의 이 책을 본 것은 우연이었다. 2019년 어느 날 다른 책을 구매하려고 서점에 들렀다가 집어들었는데, 소책자 시리즈 중 하나였던 탓에 학문적으로는 별 도움이 되지 않을 것으로 판단했었다. 하지만 당시 내가 처한 상황에서 이 책이 다루는 내용은 쉽게 무시할 수 없는 것들이었다. 이 책을 처음 접했을 때는 한국교회의 이념 갈등과 대사회적 신뢰 하락이 극에 달한 시점이었다.

　저자처럼 신학교에서 학생을 가르치는 선생으로

서 당시에 가장 곤혹스러웠던 것은, 일부 교회가 교단의 헌법을 무시하거나 사회법을 부정하면서 마치 정치적 특권을 가진 것처럼 행동하는 것에 대해 신학적으로 평가하는 일이었다. 학생들은 교회와 국가 그리고 (시민) 사회와의 관계를 어떻게 설정해야 하는지 혼란스러워했고, 학교에서 배우는 것과 현장에서 벌어지는 일 사이의 간격을 어떻게 해석해야 하는지 나에게 물었다.

내가 『공공신학과 한국 사회』(새물결플러스, 2019)를 출판한 지 거의 1년이 다 되고 "공공신학"에 관하여 여러 경로로 강연을 하던 때였지만, 정작 한국교회에서 벌어지고 있는 상황은 공공성과는 거리가 멀었다. 한국 사회가 급속히 공정과 공평의 담론으로 정치적 의제를 확산해가고 있을 때, 한국교회는 거꾸로 사적이고 세속적인 교권 남용과 지도자들의 횡포와 도덕적 타락으로 인해 사회로부터 비판을 듣고 있었다.

2017년 종교개혁 500주년을 기념하면서도 대형교회의 세습 사태로 인해 교회 개혁을 하지 못한 것은 물론 사회를 향해서도 아무런 메시지를 내놓지 못했던 허탈감이 지속되고 있었다. 사회적으로는 대통령 탄핵 사태 끝에 새롭게 들어선 정부에 반대하는 극우 세력의 대대적인 역공이 펼쳐지고 있던 시기였으며, 결정적으로 이른바 "조국 사태"로 온 사회가 둘로 나뉘어 시끌시끌하던 때였으니, 교계도 이와 비슷한 정치적 지형을 형성하면서 서로 반목하고 갈등했다.

내게 가장 곤혹스러웠던 다른 한 가지는 대화와 토론을 통해 서로의 입장을 조정하기보다 상대를 적으로 간주하고 비난하는 적대적 분위기였다. 나는 "공공신학"을 통해 시민 사회와 대화를 할 수 있는 신학적 언어와 태도가 필요하다고 주장하였고, 지금은 공공 영역의 의제에 참여하여 더 나은 사회와 정치를 위해 교회가 노력해야 할 때라는 점을 강조했지만, 교계 내부에 깊이 드리워진 반목과 갈등은 이런 합리적 대화를 어렵게 하였다.

에큐메니컬 그룹은 인권과 민주화를 지지했던 진보적 입장이 뚜렷했기 때문에 큰 분열이 없었던 반면, 복음주의 그룹은 다양한 지층들로 나뉘어 있었는데 정치적 자유주의와 신앙적 보수주의가 혼재되어 사안에 따라 다르게 교합되면서 여러 세력으로 분화된 양상이었다. 그러나 이 또한 지역 교회를 벗어나 있는 기독교 시민 운동 현장의 이야기일 뿐, 주류 교회는 대부분 보수적이거나 극우적인 분위기에 동화되어 한국 사회의 진보적 발전과는 다른 궤도로 움직이는 듯 보였다.

이런 상황에서 나는 집필 동기의 측면에서나 그간 미국 복음주의 교회들을 통해 경험한 정치적 입장의 혼란이라는 측면에서나 저자와 큰 공감대를 갖게 되었다. 저자에 대해 많은 정보는 없었지만 복음주의 계열의 휘튼 대학에서 기독교 윤리를 가르친다는 사실과 이미 출판된 몇 권의 저서를 통해 그가 복음주의자지만 소수 인종의 정치적 입장을 대변해왔음을 알게 되어 더 큰 매력을 느꼈다.

나는 스스로 복음주의자라고 생각하지는 않지만 해외에 나가면 나의 신학적 입장이 복음주의에 아주 가까운 것을 느낀다. 물론 한국에 돌아오면 한국 주류 복음주의의 주장과 행태에 동의할 수 없는 지점이 많아 고민이 깊어지곤 했는데, 저자는 내가 겪는 이런 혼란조차 비슷하게 경험했던 것 같다. 가장 공감이 갔던 부분은 교회가 신앙적 고백과는 다른 정치적 견해나 입장을 지지하는 것에 대한 당혹감을 표현한 부분이었다.

저자 바코트는 미국의 교회들, 특히 백인 주류 복음주의 교회들이 낙태 문제나 동성애 문제를 정치적으로 다뤄왔으며 그것이 공화당에 대한 지지로 표현되어 온 최근의 흐름에 주목했다. 아프리카계 미국인으로서 소수 인종인 저자는 민주당과 공화당 사이에서 복음주의 교회들이 겪는 정치적 혼란을 보며 책을 집필할 필요성을 느꼈다고 했다. 특히 학문적 언어로 접근하기보다 신학생과 그리스도인들에게 토론과 대화거리를 제기할 목적이었다고 했다.

그의 핵심은 이렇다. 성경과 복음의 메시지를 토대로 정치적 사안들을 바라볼 때 단 하나의 정답만 존재한다고 믿으면 독단적인 정치적 배타주의로 흐르게 되는데, 이러한 태도는 성경이 제시하는 바른 방향을 성찰하기 어렵게 할 뿐만 아니라 더 나은 대안을 모색하려는 노력을 차단한다는 것이다. 그러면서 그는 복음주의라는 이름의 주류 교회들이 정의와 공의를 추구하기보다 자신의 이익을 대변하는 정치 집단으로 변질된 것은 아닌지를 묻는다.

바코트는 개혁교회의 전통적 입장인 "일반은총"의 신학을 자기 주장의 토대로 제시한다. 복음주의 교회는 교회 안의 합의와 정치권에만 의존할 것이 아니라 더 높은 수준에서 사회 문제의 대안을 모색해야 하는데, 그 이유는 하나님이 교회의 하나님만이 아니라 세상의 주인이시기 때문이며 복음도 만인의 구원을 위한 것이기 때문이라는 것이다. 주님이 다시 오실 때까지 우리의 책임은 역사 속의 애통한 일들과 고난을 받아들이면서도 거룩함을 유지해야 한다는 것이다.

복음주의적 신학을 견지하는 저자의 주장은 분명 그리 새롭지는 않다. 그러나 우리의 상황도 미국처럼 최근 "동성애 논쟁"의 시기로 막 접어들었기 때문에 저자의 견해를 특별히 더 주목하지 않을 수 없다. 그는 동성애 논의 자체를 구체적으로 다루고 있지 않지만 동성애 문제를 다루는 복음주의 교회의 태도는 분명히 비판하고 있다. 성경적 입장을 제대로 설명하기 위해서라도 극단적이며 공격적인 태도를 바꿔야 한다는 것이다.

낙태 문제나 동성애 문제에 대해 성경이 증언하는 바를 부정하거나 다르게 해석하는 것에는 나도 동의하지 않는다. 하지만 저자가 정치적 제자의 길을 그리스도인의 거룩성을 유지하려는 노력의 일환으로 보는 것과는 달리, 나는 보다 적극적인 정치적 참여를 통해 사회에서 구체적으로 제도와 구조의 변화를 이끌어야 한다고 생각한다. 이런 점에서 저자와 나의 방법론은 다소 차이가 있다고 본다.

저자가 정치적 제자의 길을 좌절과 고통을 받아들여야 하는 문제로 본다는 점이 내게는 현실 정치의 변화가 거의 불가능함을 전제로 하는 역사적 비관주의처럼 보여 불만스럽다. 한국만 해도 지난 30여 년 동안 민주주의가 끊임없이 발전해 왔으며, 더 나은 사회를 위해 다양한 주체들이 함께 희생하고 헌신하며 노력해 왔다. 지금도 독재 국가들이 민중의 저항에 의해 무너지기도 하고, 다소 시간이 걸리지만 민주주의를 향해 진보해나가고 있다.

인간이 만든 민주주의 제도가 절대적으로 옳은 정답이라고 말하려는 것이 아니다. 교회는 세상에 파송된 공동체로서 하나님이 지으신 세계가 공의롭게 변화해가도록 끊임없이 노력해야 한다는 것이다. 또한 그리스도인들은 가지고 있는 모든 자원을 동원하여 모든 이에게 선한 열매가 돌아가도록 "공동의 선"을 추구해야 한다. 물론 저자가 말하듯 모든 것이 인간이 계획한

대로 되지는 않겠지만 그렇다고 좌절만 하고 있을 필요도 없다.

　나는 종종 복음주의 진영에 속한 동료 학자나 실천가들과 사회 문제를 두고 토론을 벌이는데, 그때마다 내가 주장하는 공공신학적 방식과 그들이 주장하는 복음적 방식의 차이를 설명하느라 진땀을 흘린다. 복음적 방식과 교회 중심적 방식을 구분해내는 일이 정말 어렵기 때문이다. 더구나 하나님 나라를 교회로 축소해서 이해하려는 경향이 강한 이들에게 나의 주장을 설득하려면 꽤 많은 시간이 필요하다.

　나는 저자가 "공공신학"과 "정치 신학", 그리고 "공적 삶을 위한 신학"을 나름 합리적으로 정리했다고 본다. 한국에서는 이런 구분이 쉽지 않다. 나는 공공신학적 방법이 더 유효할 것으로 보지만 저자는 후자의 입장에서 이 책을 구성하고 있다. 그러나 두 관점은 서로 적대적이지 않고 상호보완적이며 때로 경쟁적이어서 피차 상황에 따라 발전할 수 있을 것으로 본다. 극단적인 진보와 보수의 진영논리가 지배하는 현실이 그저 안타까울 따름이다.

　2019년 "조국 사태"를 계기로 사회나 교계 모두

둘로 갈라졌다. 나아가 2020년 코로나 사태 중에 이루어진 국회의원 선거와 그 후에 벌어진 교회발 집단 감염 사태를 맞이하면서 이념 갈등의 골이 더욱 깊어졌다. 이 와중에 내가 속한 교단과 학교에서 벌어진 일련의 사태는 이 갈등의 정점을 보여주었다. 그러는 동안 한국교회에 대한 사회적 신뢰는 역대 최하로 하락했다. 심지어 코로나 이후 과연 한국교회가 존속할 수 있을지 의문일 정도다.

그래서 이 책의 가치가 더욱 귀하다. 사실 그리스도인의 정치 참여 문제와 관련하여 쉽게 읽을 만한 책이 별로 없다. 지금은 어려운 책보다는 한국교회의 대부분을 차지하는 복음주의적 신앙인들에게 기초적인 관점을 제공할 자료가 필요하다. 이 책은 그런 점에서 교회의 소그룹이나 청년부에서 읽기에 아주 적합하다. 책이 저자의 개인적 경험을 토대로 서술되어 있고 현재 우리와 비슷한 상황이 반영되어 있어서 더욱 그렇다.

성경의 권위를 인정하고 하나님의 소명에 따라 살고자 하는 열망만큼은 한국교회가 그 어느 나라의 교회 못지않게 강렬하다고 본다. 바른 신학, 균형 잡힌 신학이 그리스도인의 일상적 삶에 직접 영향을 끼칠 수 있기를 바라는 마음에서 이 책을 강력하게 권한다. 현대인에게 정치적 삶은 피할 수 없는 영역이다. 그것은 그리스도인에게도 마찬가지다. 교회는 신자들이 바른 정치적 판단을 할 수 있도록 바른 신학적 견해를 제공해야 한다.

간혹 교회에서는 정치적 사안을 언급하지 않아야 한다고 보는 이들도 있는데 나는 동의하지 않는다. 건강한 토론과 대화가 가능하도록 조금씩이라도 문화를 바꿔나가야 한다. 그래야 바른 정치적 선택을 하고 그에 대한 공적 책임을 지는 공동체가 된다. 교회는 그러한 역할을 해야 할 공적 의무가 있다. 이런 나의 관점에 저자도 동의하리라 믿는다. 한국교회가 더 건강한 공동체로 거듭나는 일에 이 책이 조금이나마 일조하기를 기대한다.

P.S. 이 책의 후기를 쓰며 한 가지가 궁금해졌다. 2021년 1월 미국 의사당에 난입한 극우 세력을 다수의 복음주의 교회가 지지하고 있다는 보도를 저자는 과연 어떻게 평가할까? 그가 책에서 언급한 "애통과 비탄"에 젖어 있을지, 아니면 여전히 "거룩한 공동체"가 정치적

대안을 제시할 수 있을 것이라 기대하는지 궁금해졌다. 과연 여전히 교회는 세상의 희망이 될 수 있다고 믿고 있을 것인지가 말이다.

2021.2.15 별내에서

미주

서문

1 John MacKay, *A Preface to Christian Theology* (New York: Macmillan, 1941), 27.

1장

1 모럴 머조리티는 가장 주목받았던 보수적 기독교 정치 조직 중 하나로 기독교 우파 단체였다. 보수적인 그리스도인들의 정치 참여를 촉진하기 위해 조직되었다. 근본주의적 침례교인인 팔웰이 정치 조직의 수장이었다는 것이 아이러니하게 여겨지기도 한다. 1989년에 결국 해체되었으나 팔웰은 기독교 우파가 정치적으로 충분히 자리 잡은 것에 만족했다.

2 마이클 거슨은 현재 "워싱턴 포스트"의 칼럼니스트로 일하고 있으며 "ONE 캠페인"과 "공적 정의 센터"(the Center for Public Justice)에서도 활동하고 있다. 그는 2001년부터 2006년까지 부시 대통령의 수석 연설비서관이었다.

3 Abraham Kuyper, *Lectures on Calvinism* (Grand Rapids, MI: Eerdmans, 1931), 30.

4 Vicent Bacote, *The Spirit in Public Theology: Appropriating the Legacy of Abraham Kuyper* (Grand Rapids, MI: Baker Academic, 2005), 7.

5   나중에 다시 언급하겠지만, 많은 이들이 "지배"(dominion)를 창조 질
    서를 유린하거나 무시해도 된다는 의미로 해석했고, 정치적 정복을 뜻
    하는 최악의 단어들과 연계하기도 했음을 분명히 알아야 한다. 그렇기
    때문에 "지배"나 "다스림"을 청지기적 돌봄으로 이해하는 것이 중요하
    다. 이렇게 생각하면 된다. 지배자라는 존재는 자신의 왕국을 번영으로
    이끌고 자기 돌봄 아래 있는 영역을 청지기로서 잘 관리하는 경우에만
    긍정적으로 볼 수 있다.

2장

1   이러한 주장은 인간이 하나님의 형상으로 창조됐다고 보는 성경적 관
    점과 살인을 금지해야 한다는 관점에 뿌리를 둔 인간 존엄성에 대한 주
    장이었다. 자궁에 있는 출생 전의 태아는 유기해도 되는 단순한 세포
    덩이가 아니라 하나의 인격이다. 물론 이런 주장은 성경적 주해만을 근
    거로 내세운 것이 아니라 철학이나 자연법에 근거한 것이기도 했다.

2   Michael Horton, *The Christian Faith: A Systematic Theology for
    Pilgrims on the Way* (Grand Rapids, MI: Zondervan, 2011), 397-
    407을 보라.

3   물론 세계 곳곳에서 이민이 중요한 사안이라는 것은 알고 있다. 여기서
    의 핵심은 모든 사람이 특정 국가의 시민이라는 사실이다. 설사 다른
    곳의 시민이 되기를 원하더라도 말이다.

4   여기서 "미국 예외주의"라 함은 미합중국이 다른 국가들과 다르고, 그
    러한 독특성 때문에 하나님의 계획 안에서 뭔가 우월한 국가라는 내적
    인 혹은 외적으로 드러난 믿음을 말한다. 미국이 하나님께 선택된 국가
    라는 믿음이 포함된 경우도 있다.

3장

1 Sarah Pulliam Bailey, "Q&A: Anne Rice on Following Christ without Christianity," *Christianity Today*, August 17, 2010, http://www.christianitytoday.com/ct/2010/augustweb-only/43-21.0.html.

2 Rachel Held Evans, "How to Win a Culture War and Lose a Generation," personal blog, http://rachelheldevans.com/blog/win-culture-war-lose-generation-amendment-one-north-carolina#.

3 David Kinnaman and Gabe Lyons, *unChristian: What a New Generation Really Thinks about Christianity...and Why It Matters* (Grand Rapids, MI: Baker, 2007), 34.

4 Michelle Crotwell Kirtley, "Rising Above the Rights-Based Abortion Debate," *Capital Commentary*, August 31, 2012, https://www.cpjustice.org/public/capital_commentary/article/505.

5 위의 글.

4장

1 "Social Indicators of Martial Health and Well-Being: Trends of the Past Five Decades," *The State of Our Unions* website, http://www.stateofourunions.org/2011/social_indicators.php#marriage.

2 "결혼한 부부가 얻게 되는 경제적 이득을 넘어, 결혼은 사회에 어마어마한 영향을 끼친다. 결혼의 추이는 가계 수득 수준과 불평등에 큰 영향을 끼치기도 한다. 중간 계층 가정의 소득은 1947년과 1977년 사이에 두 배 넘게 뛴 이후로 최근에는 느리게 상승하는 추세다. 주된 이유는, 혼자 사는 사람보다 경제적 여유가 있는 결혼한 부부의 비율이 전체 가정에서 빠르게 감소했기 때문이다. 가족 구조의 변화가 큰 원인

이 되어 20년간 가계 소득의 불평등이 크게 증가했다. 계속된 연구 결과에 따르면 이혼과 미혼 육아가 늘어나고 있는 것이 아동 빈곤의 주원인이다. 최근 몇 년간 혼외 상태에서 양육되는 아이의 대다수가 적어도 일 년 동안 심각한 가난을 경험했다. 한 연구에 따르면 1960년에서 1998년 사이에 가족 구조의 변화가 일어나지 않았을 경우 1998년 흑인 아동 빈곤율은 45.6%에서 28.4%로 낮아졌을 것이고, 백인 아동 빈곤율 역시 15.4%에서 11.4%로 낮아졌을 것이라고 한다." "아동 빈곤율 증가로 보건과 복지 프로그램에 막대한 공적 비용이 들게 되는 것은 물론이다." Adam Thomas and Isabel Sawhill, "For Richer or for Poorer: Marriage as an Antipoverty Strategy," *Journal of Policy Analysis and Management* 21 (2002): 587-99을 보라.

3   Vincent Bacote, "Beyond Faithful Presence: Abraham Kuyper's Legacy for Common Grace and Cultural Development," *Journal of Markets and Morality* 16, no. 1 (Spring 2013): 195-205을 보라.

4   James Davison Hunter, *To Change the World: The Irony, Tragedy, and Possibility of Christianity in the Late Modern World* (New York: Oxford University Press, 2010), 32-78을 보라.

정치적 제자도

공적 삶을 위한 신학 원리

Copyright ⓒ 새물결플러스 2021

1쇄 발행 2021년 3월 2일

지은이	빈센트 바코트
옮긴이	성석환
펴낸이	김요한
펴낸곳	새물결플러스

편 집	왕희광 정인철 노재현 한바울 정혜인
	이형일 나유영 노동래 최호연
디자인	윤민주 황진주 박인미 이지윤
마케팅	박성민 이원혁
총 무	김명화 이성순
영 상	최정호 곽상원
아카데미	차상희

홈페이지	www.holywaveplus.com
이메일	hwpbooks@hwpbooks.com
출판등록	2008년 8월 21일 제2008-24호
주 소	(우) 04118 서울시 마포구 마포대로19길 33
전 화	02) 2652-3161
팩 스	02) 2652-3191

ISBN 979-11-6129-194-9 93230

책값은 뒤표지에 있습니다.